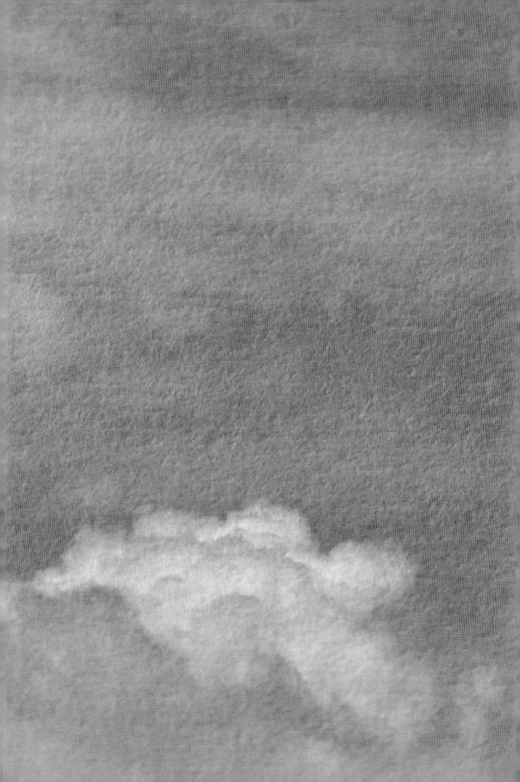

蘿拉老師的心靈拼貼®

手作牌卡，找出你內心最渴望的答案

蘿拉老師 著

CONTENTS

CONTENTS

Chapter 9

作者序

簡單卻深刻的覺察，一生受用！

半年一次的定期牙齒檢查，牙醫師對我說：「你也是屬於咬牙切齒一族，晚上磨牙磨得很厲害。」我自己從來不自覺這個問題，因爲這次牙醫師提醒了我，於是晚上睡覺前，我開始去覺察自己的口腔是否有放鬆？往往發現，我的牙根部的確不自覺的處在緊繃狀態。

原來，我對自己的身體不太熟悉！

有一次走在斑馬線上，差點被急速轉彎搶快的車輛撞到，驚魂未定好幾天，直到去熟識的中醫看腸胃問題，順口提了一句：「前幾天我差點被車撞死，不能來看診了。」醫師聽了之後回我一句話：「大難不死，必有後福。」瞬間，我就被「收驚」了。

身邊的人把我的話聽進去，回應我一句安慰的話，就能帶給我無限的寬慰。

顏師傅是第六代祖傳的國術館師傅，第一次的治療就讓我有多年毛病的右手，終於可以高舉碰到自己的耳朵。第一次見面，顏師傅就問我：「如果你的車子壞了，要不要修？」 我答：「當然要修！」他說：「那為什麼身體壞了，就擺在那裡不修呢？」。

同理可證，有了情緒問題或心理問題，為什麼擺在那裡不處理呢？除非是遇到意外，否則身體不會在一天內變壞的；心理健康也一樣，日積月累的擱置不處理，就會反映到身心健康。

你是否有過這樣的經驗？明明累得要命，還是會去做你覺得很重要的事？例如上了一天的班，已經非常疲勞，但晚上你還是會準時到課堂進修，或是到健身房去運動？有時候，你一直參與許多學習課程，也不明白自己在追求什麼？

如果你知道了，也許是你有一個「追尋者」的原型，這是心理學家榮格提出的集體潛意識學說，一旦你了解可能有這個原因，你就會無怨無悔的繼續前進。

我們正巧處在覺醒的世代，有無數的靈性和成長課程，可以幫助我們探討內心深處。我們也幸運的有近代心理學家整理歸納的一些行爲現象，探討人類的心理因素和行爲發生之間的關係。

這些年，我在追尋心靈成長的過程中，花費了不少時間和學費，期間也遇到過幾位心靈導師，對個人有很大的幫助。但是，總覺得還是少了一塊什麼？再多的修行，見到不順心的事，照樣會起煩惱，遇到不合拍的人，情緒還是會上來，往往事件過去，念頭卻一直反覆在腦海裡重播。

按照心理學家的說法，有情緒是正常的，我們要接納它，然後再調節它。說起來輕鬆，做起來不容易。就像去學習瑜伽或健身等運動，看影片學習好像很簡單，若是沒有老師或教練從旁指導，很容易扭到腰或傷到脊椎。心靈的學習也是一樣，要找到正確的學習方式，才不會走歪了道路。

因爲工作的關係，經常需要與人群接觸，發現大多數的人跟我一樣，有著不同時期的不同煩惱，嚴重的人還認爲自己得了憂鬱症或起了厭世的念頭。這些人當中，也是有常年樂於學習並且接觸許多靈性成長課程的人，但也幸好如此，他們會發出遭遇困擾的訊號。這個時候，若是有朋友的陪伴與傾聽，就是最好的幫助，可以及時拉一把，不至於掉入憂鬱的漩渦。可是，情緒雖然暫時舒緩，如果沒有經常的疏通與排解，依然還是會捲土重來。午夜夢醒時，我們又該如何自處與自助？

比較可怕的是隱藏在社會各個角落，特別是弱勢或是不被社會認同的族群，以及因爲需要照顧家庭而被迫離開原來職場的人，他們默默的忍耐，不懂得發出求救的信號，於是有人突然爆發激烈的情緒、有人泯滅人性的冷血殺戮、有人選擇一走了之……成爲社會不定時的炸彈，輕則傷己，重則傷及無辜。

專業機構在問題沒有發生之前，無法照看或考慮到隱藏的未爆彈。我們也都明白防患勝於治療，因此我願意將自己從美國學習而來，並且本身獲益良多的一套方法，分享給一般民衆參考。只要願意學習，不需要昂貴的金錢，不需要許多的道具，沒有牽涉到宗教政治或商業買賣。只要願意花一點時間，開始剪貼圖片，製作屬於自己的圖卡，練習與圖卡對話，並且用筆記錄下來，就有覺察的機會，能夠更了解自己。要相信自己有智慧可以解決生活上的大小事件，度過生活歷程需要面對的風雨起伏，爲了自己的心理健康，是値得嘗試的一個有效工具！

這套工具稱爲心靈拼貼®（SoulCollage ®），源自於美國，是由席娜．弗斯特發展的一套心靈圖卡流程系統。16年來在全球43個國家運行，除了心理諮商專業人員會使用在個案諮商外，也有許多一般人士，學會了這套簡單有趣的工具，運用在各自的社群，讓參與者認識自我內在的智慧，進而了解自己與自己的關係、自己與他人的關係、自己與整個環境的關係。

心靈拼貼®只要動動手拼貼圖像，再簡單記錄直覺性的表達，所得到的卻是深刻的覺察，一生受用。這是一種簡單有效的流程，可以教導自己有能力解決生活上的各種問題，勇敢面對生活的挑戰！

Chapter 1

相信自己的內在智慧

不再被時間綁架

許多人一直忙於求學或工作，多數時間都是聽從父母、師長和長官的意見，在學校或社會中做一個符合期望的角色。對於自己內心深處的嚮往、喜好、生命中的優先順序，永遠是稍後處理或擱置一旁，汲汲營營了許多歲月，早就忘記了曾經有過的理想與渴望。

透過心靈拼貼®的練習，經常與自己的內心對話，不但可以解決生活上大大小小的困擾，也讓人們更明確了解自己真正的嚮往。

就像我教學至今，非常介意時間的控制。如果可以準時結

束，我才覺得這是我的授課標準。學習心靈拼貼®流程一段時間後，我覺察自己有這部分的堅持，因此，我爲自己做了一張「時間」圖卡，提醒自己：時間是人類創造出來的規矩與標準，我可以按照大衆的標準行事，配合社會的期望，但是不要被時間追趕，反而變成時間的奴隸。

以前在科技公司上班時，有位女同事問我，爲什麼你做事總是那麼有效率，一次可以同時執行好幾件事呢？我記得我回答：「因爲我覺得我不會活到很老，所以很急，想多做一些事情。」反之，我也問她爲什麼做事都慢條斯理的呢？她回答，因爲她覺得自己會活很久，所以事情慢慢做就好。

在做這張圖卡的時候，我回想起多年前的這段對話，每個人對時間長短的不同想法，影響了做事的態度。沒有對與錯，找到自己的平衡點就好。

下背痛消失了

去年，我發生嚴重的下背痛，寸步難行。看過中西醫也照過X光，都找不出原因，貼膏藥或打類固醇都無效。我也上網查資料和買相關書籍研究，最後我把問題寫下來，抽卡、讀卡去覺察發生什麼事情。

同一個問題我抽了兩張圖卡自問自答，其中一張是「靜靜的看書」，我想到自己常常坐著看書，有時連吃飯也在看書，確實沒有給腸胃蠕動的機會。

記得有位醫師提過腸胃也會影響下背痛，於是我試著在看書時，站起來走動一下，每天喝優酪乳幫助消化，很神奇的在兩週以後，我的下背痛就消失不見了（這單純是我的個案狀況，有下背痛的問題，還是應該要儘早求醫），這是因為心靈拼貼®圖卡提醒了我，讓我覺察到我固有的習慣，而去做調整。當你刻意注意到身體的反應，自然會開始有比較健康的習慣。

打開少女的心結

歡歡是一位高中生，參加了婷婷指導員的心靈拼貼®體驗課程，當所有學員都下課離開後，只有歡歡留下來，她說：「老師，我對我的圖卡完全沒有感覺，我覺得我讀不出東西來。」於是婷婷就開始引導她讀卡。

當下，她幾乎不經思考的開始藉著圖卡，一點一點述說內在的心聲。當她進行到「圖卡帶給她的禮物及提醒」時，她流下眼淚說：「莫忘初心、勇敢做自己。」她說自己做事常有很多想法及顧慮，總是被家人或朋友責怪想太多，於是漸漸的也不再跟家人朋友傾訴。她淚流不止的說，圖卡帶領她發現自己處於這樣委屈自己的狀態。

歡歡因爲心靈拼

貼®流程的導引，自然而然的打開了內心，開啓了少女的心結。每個靈魂，無論年齡、性別、身分都是獨特的，眼見不一定爲憑，當你不帶批判，準備好尊重及傾聽時，驚喜旅程就從此展開。

母子互相理解彼此對愛的表達

40歲的阿忠不太耐煩媽媽經常性嘮叨。

某天，媳婦阿娟聽到婆婆喊累，想要出去走走；阿娟心想，最近常看到婆婆喊累、脾氣也大，就跟阿忠提到應該安排婆婆出去散散心。同時，阿娟也問阿忠，爲什麼對自己的媽媽經常口氣很差且不耐煩？阿忠回答：「因爲她常常說我不愛聽的話。」

阿娟心想，也許阿忠的口氣差就是婆婆產生壓力的來源了。阿忠也發現，可能是自己說話的口氣讓媽媽不舒服，於是跟阿娟說他會改進。

阿娟學了心靈拼貼®，便試著問阿忠：「既然我們都不確定該怎麼做，要不要來問問圖卡呢？他勉強同意了。於是兩個人想了一個問題寫下來：「要如何解決與媽媽之間的問題？」阿忠抽了四張圖卡，看到四張圖卡都出現「快樂」的

能量感覺。

他不知道這些圖卡到底對他有什麼幫助？也不知道該如何讓媽媽快樂？

於是再問了第二個問題：「什麼是快樂？如何才可以幫助我與媽媽快樂？」

他再抽了一張圖卡，一看到圖卡就臉色大變。

原來，他抽到一張媽媽抱著小孩的圖卡，兩人開心的互動著。這個景像突然觸動到他的心裡，他想到媽媽從小對他無微不至的愛護與照顧，想到媽媽辛苦的爲了這個家，照顧老的、照顧小的，眞的很不容易。他非常懊惱自己怎麼會如此不耐煩，讓媽媽心裡不舒服，想著想著，忍不住流下眼淚。阿娟看了很心疼，但是也感到很欣慰，第一次看到強人硬漢的老公，有著一顆柔軟的玻璃心。

阿娟等阿忠宣洩完情緒之後，讓他自己默默看著另外抽出的那張圖卡，是否提醒他或是提供給他哪些建議？

過了一會兒，他自己寫下「對不起，我愛你」的字條，然後去院子裡拔了一朵玫瑰花，把紙條和花一起送給媽媽。媽媽收到字條和一朵花，很驚訝也很欣慰的和阿忠相擁而泣，一切都沒事了。

阿娟在一旁見證母子化解心結的這一刻，感動著親情的自然流露。慶幸藉由圖像，阿忠覺察並且眞實面對內心的情感，透過心靈拼貼®對話的流程，表達出對媽媽的養育之恩。

母親的天性都會用生命來維護子女，成年的子女因爲見識比上一代廣大，也學習許多科技新知，超越上一代的知識範疇，經常會不耐煩長輩一成不變的叮嚀，長期累積就會產生嫌隙。因著愛，把話講開來，母子都了解這是不同的愛的表達方式。

尊重孩子有自己的節奏

瑄瑄的媽媽感受到孩子因爲在學校學習落後、沒有跟上班級進度；而老師在班親會的回饋，讓她覺得「自己的孩子跟其他同學不一樣」的壓力，也感受到學校的教育可能無法符合孩子的嚮往。

她曾經抽過一張心靈拼貼®圖卡，畫面是瑄瑄喜歡閱讀的樣子。她看到這張圖卡，覺察到瑄瑄其實就是一個喜歡自己閱讀的孩子，遇到了喜歡的書本就投入其中，不理會外界的動靜，因此對於課堂上老師說的話可能都沒聽見。

透過覺察，她說出了自己的內在智慧，釋放了一些心中的困惑與不安。

她知道每個靈魂都有自己的腳步；孩子也是一樣，有自己的節奏。

憂鬱少年的出口

筱玲是一位社工師，她輔導了一位患有憂鬱症的16歲高中男生小海。

筱玲學習了心靈拼貼®的流程，成爲指導員之後，就在每週四小海下課後，到學校和小海一起製作圖卡和讀卡，進行輔導工作。

小海個性很孤僻，嘴裡從來不說自己喜不喜歡筱玲帶來的圖卡活動，只是跟著拼拼貼貼，有時練習一下讀卡，有時也會保持沉默。

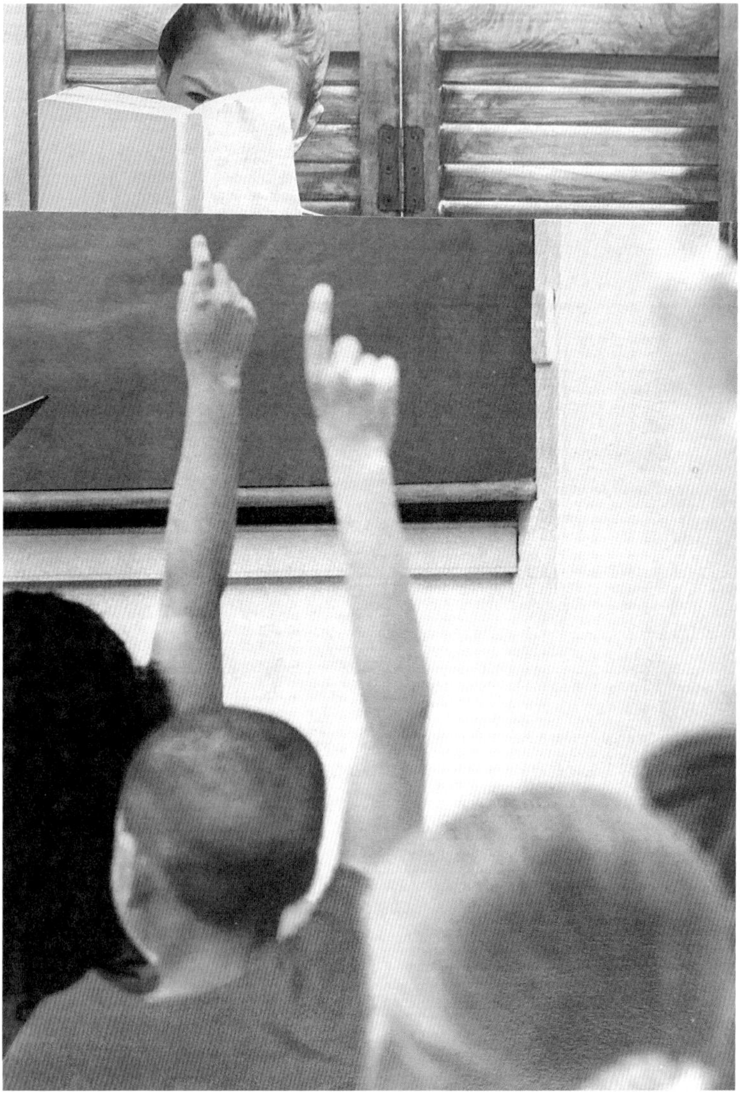

某個週四，筱玲遇到小海的導師，導師對著她說：「你是怎麼辦到的？小海每天翹課，只有星期四會來學校上課，等到你的輔導時間結束才回家。」筱玲明白了，原來小海是喜歡心靈拼貼®的，不由得讚嘆簡單的圖像拼貼與讀卡活動，可以安慰一顆憂鬱的心。

心靈拼貼®的活動在歐美國家運行的比較早，大約有16年經驗，香港跟台灣都算是剛起步；其中，香港有幾位社工師參與指導員培訓，因此他們有機會將心靈拼貼®運用在自己服務的對象上。

Chapter 2

心靈拼貼®奇遇記

你我都擁有內在智慧去解決問題

我與心靈拼貼®相遇是一場奇遇記。

要感謝熱誠的美國指導員，他們發自內心的認爲這是一套自助及助人的好工具，因此誠懇的分享給住在另一個半球的朋友。樂意分享的人通常會物以類聚，擁有利他想法的人是不會計較是否有自我利益的回報，如同我們向大自然學習一樣，花粉落在哪裡，哪裡就有機會開花，未必是只有種花的人賞花。

曾在美國遇到Susan指導員，她隨身攜帶了一大疊的心靈拼貼®圖卡，一張張美麗的圖卡吸引了我的目光。

Susan提到，心靈拼貼®幫助她面對許多日常的問題，這些圖卡都是利用舊雜誌或照片，挑選對她有吸引力的圖片，修剪後拼貼在厚卡紙上。然後她拿拼貼好的圖卡來讀取與記錄自己的心聲，也用這些圖卡給自己力量。

我對第一次接觸的新事物充滿了疑惑，於是Susan願意出借她的圖卡，讓我先想好一個跟我自己有關的問題，接著抽取其中一張圖卡，讓我自己解答。她說：「我們每個人都有內在的智慧，可以解答自己的問題。」

我是……一個美麗的芭蕾舞者

於是，我先問自己：「在我這麼忙碌的時間表當中，該如何回應心靈拼貼®帶給我的訊息？」

接著，我從約30張正面朝下的圖卡中翻出了一張「芭蕾舞者站在一顆大珍珠上」。Susan引導我看著手中這張圖卡，直接進入這位芭蕾舞者，用直覺說話。

我按照Susan的指示，先安靜自己的念頭，看著圖卡上的芭蕾舞者，用「我是」開頭說：「我是一個芭蕾舞者，站在一顆巨大圓滑的珍珠上，用上揚的雙手，跳出自信的美麗舞姿，心靈拼貼®將會帶著我發光發亮。」

我也不明白自己爲什麼會不假思索的說出了這些話語。但是，的確震撼到我！這麼簡單的一個流程，居然可以啓動我的直覺與想像力。於是我下定決心，要好好研習這套流程。

爲了紀念我抽到的第一張圖卡，回到台灣後，我立刻仿做了一張芭蕾舞者圖卡。但是因爲找不到大珍珠的圖片，所以就用鑽石取代。

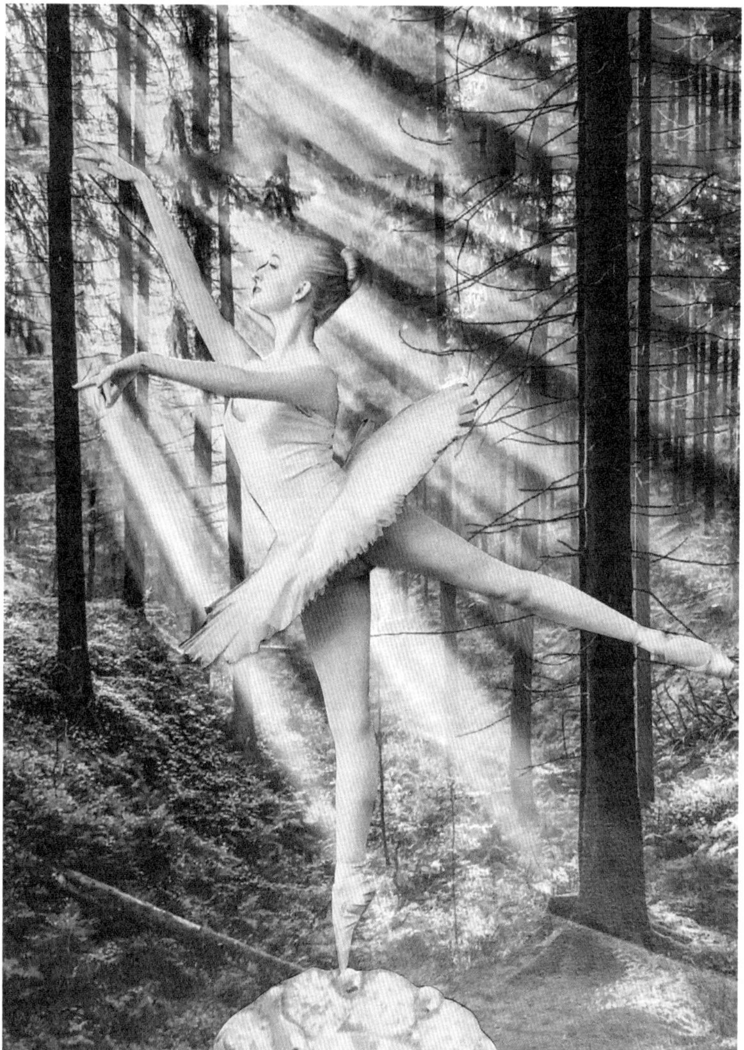

漸漸懂得放過自己

到底什麼是「心靈拼貼®」？我在手藝界工作了25年，始終抱持著一個信念——「簡單是複雜的極致」。如果一樣手藝讓人覺得很困難著手而退卻學習的意願，這就是教師需要努力的課題。如何將複雜的大學問，化做簡單易懂的小活動，一步一步的導引，是身爲教師的我們，畢其一生要努力的方向。

大家可以根據自己對心靈拼貼®的認識，用輕鬆的語調說出：「心靈拼貼®就是圖像的剪剪貼貼、說說心裡的話。」就是這麼簡單，但其實它的內涵底蘊很強大。

所有吸引你的圖片，不管是光明或黑暗，都可能對你具有某些意義。也許你是無意識狀態下挑選，或是刻意的選擇，在之後自己讀卡或抽卡的階段，都會陸續帶給你訊息。

心靈拼貼®創辦人席娜女士，雖然有著多年心理諮商的背景，卻可以把心理學的學問變得簡單又有趣，讓普羅大眾都能操作執行，確實吸引了許多歐美人士，開始剪剪貼貼、說說心理話的活動。

透過製作圖卡，與圖卡對話的過程，我越來越了解自己，內在有著許多顯性或是隱性的子人格，對外界的波動也就能

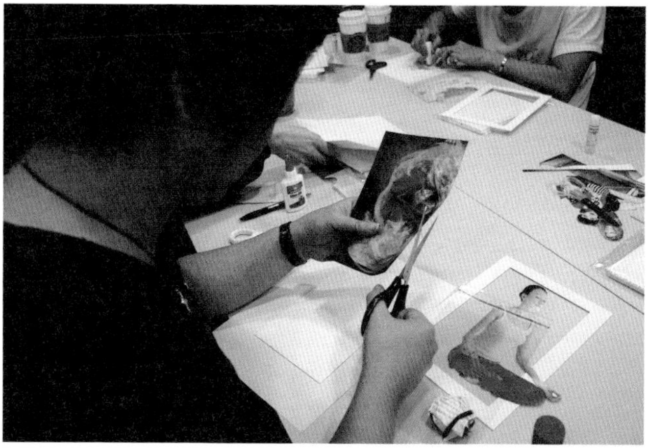

更快釋懷，越來越自在，懂得放過自己，用想像的剪刀，剪掉揮之不去的念頭；再用想像的口紅膠，貼上許多讓我快樂的小確幸。也透過不斷的自我對話，了解自己有著「戰士」與「教師」的原型驅動力，懂得接納與運用個人特質，願意為他人與社群貢獻一分心力。

也因為心靈拼貼®的影響，我感受到心理學的重要性，於是積極參加心理學相關的研習與讀書會；一邊持續指導心靈拼貼®工作坊與開設體驗課程，一邊完成大陸二級心理諮詢師的考證，並且自願與住在美國的女兒接力翻譯席娜女士的英文著作，讓自己更貼近創辦人的理念；在指導工作坊一年之後，再度前往美國回訓一次、台灣見習一次指導員訓練營，再三確認自己所學是符合創辦人的設計。

我對教育投資向來擺在第一位，無論對子女教育或自己都是一樣。之後，也深深了解要將一套新的流程內化與引進，不是依靠原有的知識與學問，只有歸零學習才有機會注入新的理念。

重新開啓直覺與想像力

讀者如果有機會製作圖卡，先會被美麗的圖卡吸引住，在剪剪貼貼的過程中也很放鬆，光是「手作」就讓人舒心愉悅，這個部分做到了心靈拼貼®的「拼貼」層面。

然而，做好的圖卡要給它一個機會說話，也就是以圖像當中的人物爲主角，以他的立場說話。透過練習與圖卡對話，我們的想像力與直覺力本能都會被喚醒，你會發現原來你的內心擁有許多被遮蓋住的智慧。這個部分就是心靈拼貼®的「心靈」層面。

等到你製作了10張屬於自己的圖卡，就可以開始提出與自己切身有關的問題。透過洗牌後的抽卡，掀出一張圖卡，用直覺對應你的問題，直接回答自己的提問。往往你會發現，答案早就存在你的內心，只是你需要靠著直覺將它喚出來。

覺察深藏體內的多種自我

剪剪貼貼原本就是我的最愛，當我遇到了心靈拼貼®，可以從雜誌上剪下喜愛的圖片，再拼貼成一張圖卡，本身就是一個非常愉快的嗜好。陸續製作了100多張圖卡，慢慢的和每一張對話、用手機錄下自己的話語，再聽寫到筆記本上。

每一張圖卡我都取了一個暱稱，幫助我記憶圖卡的內容，我所製作的圖卡包括我個人的內在子人格；影響我生命的祖先、父母、師長、同學、同事；驅使我不得不做的幾個原型；還有透過視覺冥想理解到的身體活力等。隨著與圖卡對話的練習越來越多，我越來越認識自己，也覺察到自己的許多切面。

覺察與反省是不一樣的。

我們從小背誦的「吾日三省吾身……」是反省；覺察是發現自己的情緒、行爲，是基於某些內心層面的影響。你感受到了，你接受它，並沒有叫你去改過，而是把調整的能力交到自己手上。

我們不僅是對自己的身體不熟，其實對我們的心理狀態也很不熟悉，心靈拼貼®就是幫助我們熟悉自己的內心。希望藉著本書，能夠讓讀者跟我一樣幸運，遇見心靈拼貼®，成爲自己一生的好朋友。

Chapter 3

心靈拼貼®能幫助你什麼？

一旦有機會接觸心靈拼貼®，就會產生好奇心，自發性的想要多涉獵心理學以充實自己，在學習的過程中，自己的心裡就會有所滋養。心理學眞的是每一個人都應該要學習的知識，因爲它讓你更加了解自己，可以增進與社會的連結。

台灣的「張老師」中心一直以來都有專線與助人者的心理諮詢服務，多年的扎根與推廣，國人逐漸懂得找到諮詢的窗口，透過專業心理諮商師的協助，許多問題可以獲得紓解，同時也能調節與轉換情緒，讓健康的心理狀態有能力面對日常生活持續會出現的高低起伏。

然而，國人還沒養成尋求心理諮詢的習慣，大多數人遇到情緒問題或困擾，多半是隱忍不發，直到累積至一定程度，情緒暴走、失控等行爲導致一發不可收拾。

因此，找到一個可以自助的心理良方就變得十分重要。心靈拼貼®因爲簡單又容易操作，只要有幾本舊雜誌，動動剪刀和口紅膠，就能辦得到。只要你願意敞開心胸，接受一個簡單有趣的方法，你就可以透過了解自己，從而改變看待外部的世界，自己幫助自己，紓解累積的情緒與壓力。

開始關心自己的身體

自從學習了心靈拼貼®之後，如果我遇到令人生氣的事情，我會問自己：「我爲什麼生氣？」接著就抽卡、讀卡，在第一時間處理我的情緒。

《黃帝內經》有記載：「怒傷肝、喜傷心、思傷脾、憂傷肺、恐傷腎。」《聖經》箴言17:22：「喜樂的心乃是良藥；憂傷的靈使骨枯乾。」這些都是古人生活智慧的勸勉。身與心是連動的，情緒帶動身體，心理不舒服自然也會影響身體的健康。

心靈拼貼®也教導我們透過視覺冥想，覺察身體的活力。也因爲覺察到自己的不暢通之處，因此開始跟著老師學瑜伽。從覺察到採取行動，就是關心自己身體的具體表現。

有些道理顯而易見，衆所皆知，但是往往知易行難，知道但是很難做到。因爲心靈拼貼®圖卡是可以看得見的一種工具（媒介），利用「自我對話」可以簡單有效的時時面對自己的身心狀態，採取行動清理情緒的垃圾，從事運動幫助身體的健康。

每當我身體不舒服時，除了尋求醫療協助外，我也抽卡、讀卡，看我的圖卡會提供給我什麼樣的啓示？透過讀卡培養自我覺察的能力，體會現實狀況，先了解與接受現況，然後再看是否需要調整。

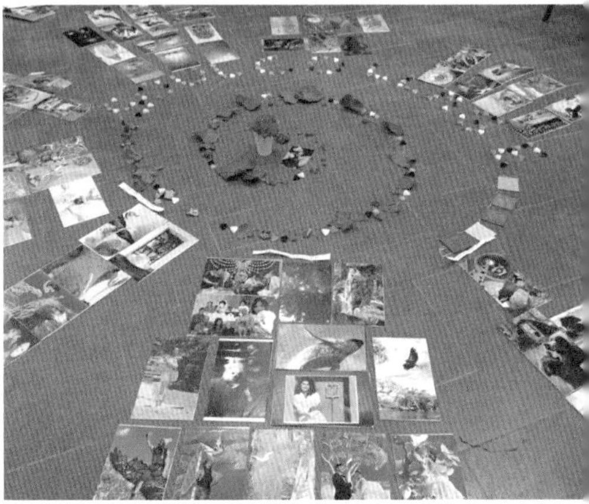

練習覺察身體的活力，只要每天花一、兩分鐘的時間靜心，從頭到腳用意念觀想身體的每個部位，自己便會知道哪個部分需要多加注意。

對身邊的人心存感謝

有些心靈拼貼®圖卡歸類爲「社群卡」，是指對你曾經有影響力的祖先、師長、寵物，或是一個具有特別意義的場所。

在製作社群卡時，可以問自己一個問題：「誰是你生命中的貴人？」他影響了你什麼觀念或是想法？透過提問，會促發你仔細的思考，在生命當中的確有許多貴人，成就了現在的自己。

我馬上就想到我的大哥，他大我6歲，在我剛讀國中的時候，他就告訴我把英文學好很重要。果然英文幫助我日後的就學與就業非常順利。

我們很少去思考身邊最愛護你的人就是家人，也經常理所當然的接受這份愛護而沒有開口道謝。於是我找到一張大哥以前教書時的照片，爲他製作一張社群卡，謝謝兄長的愛護，讓我順利的完成學業。同時，我也打了一通電話給他，告訴他我製作了一張心靈拼貼®圖卡，感謝他成爲我生命中重要的一位貴人。大哥客氣的回應說：「兄長應該照顧弟弟妹妹的。」

幼時兄長照顧我、求學階段塞給我零用錢、過年前載我去

公館買新衣服等，許多受到照顧的記憶，透過這張圖卡一一再現，讓我感念他兄長的風範。而這張圖卡的能量也代表他負責任、愛護弟妹的能量，值得我學習。

了解自己的熱情所在

心靈拼貼®討論到心理學家榮格提出的原型，也就是集體潛意識，是從古到今，跨越文化與種族，人類擁有共通的潛意識。例如英雄、偉大母親、教師等原型角色，在不同的社會也都擁有相同的認知。

指導員當中也有研究塔羅牌的專家。心靈拼貼®會從塔羅牌代表的「原型」討論，研讀塔羅各張牌所代表的原型，也可以為自己拼貼一張塔羅原型的圖卡。從這裡就可以理解心靈拼貼®是具有包容性的一套圖卡。

因為心靈拼貼®會延伸到許多不同的領域，我也了解到自己擁有塔羅牌中的「戰車」原型。於是可以理解自己為什麼做事會積極進取、堅毅不拔，因為原型就是抓取並影響我們個人特質的一個巨大力量。

再舉一個例子，我從小就想成為教師，但是當我真的成為一名高職教師時，又覺得日復一日的教學工作並不是我衷心嚮往的工作。這件事讓我一直很迷惑，莫非之前的理想不是真實的？莫非教學不是我真心喜愛的事？

直到多年後接觸心靈拼貼®，探討到自己拼貼的圖卡，我才明白，我還是非常有熱情的想當一名教師，但是卻無法在體制內服務，因為體制內必須要按照行事曆教學，而我有「追尋者」原型，又有「教師」的原型，會讓我一直尋找更新的知識分享給學生，當然就無法按照學校的進度教學。

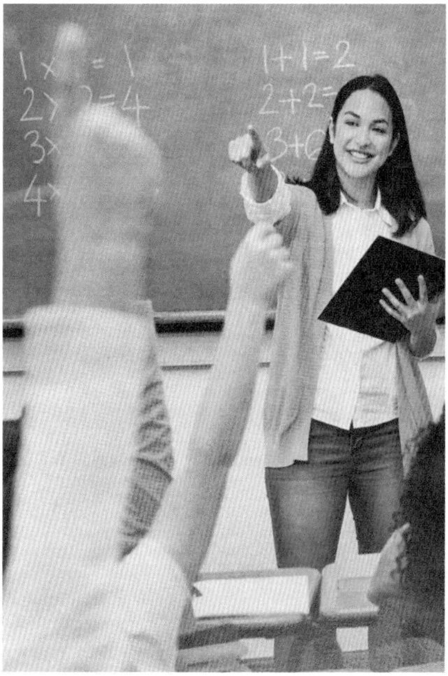

一旦覺察了自己擁有的原型，做再多的事，開創再多的新局，也都能無怨無悔的樂在其中。

知道自己的界線

我也因爲心靈拼貼®更加認識自己內在「熱衷分享」的原型，所以往往在做事時會超過自己的體力與能力。因此我學習問自己：「界線在哪裡？」也就是面對一件事情或是與你相關的一個人，要設定自己「什麼可以？什麼不可以？」

心靈拼貼®討論到的原型，教導我們「原型沒有好壞之分」，也探討到看似光明面的原型，相對也有它的黑暗面；反之亦然，看似黑暗面的原型，也會有光明的可能性。

我自童年與求學階段，受到父母、師長的喜愛與支持，一路平順，沒接觸到太多的陰暗與負面情緒，因此不清楚自己是願意分享但沒有設定界線的人。後來，遇到兩、三件職場事件，雖然我是付出最多時間與精力的人，反而被擁有負面思維的同事占盡便宜，或是人身攻擊與詆毀。

自從學習了心靈拼貼®，我經常使用抽卡與讀卡回答自己的疑惑與提問，有關這些負面的事件，都能從中得到心靈的安慰，也更感念自己多擁有了一項工具，幫助自己釐清現實，學習從心理學的角度去分析事件。除了了解某些人有人格障礙的實證之外，也開始自我覺察，凡事需要設定界線，一味的付出與分享也是過頭，不僅沒有給別人表現的空間，也欠缺了自己自在的時間。因為我沒有設定界線，對方常習慣性理所當然的便宜行事，這是雙方都要檢討的事，但往往只有自己才能改變自己，我是無法改變他人的。

心靈拼貼®有一句標語——「發現自己的內在智慧，改變外在的世界。」我自己的體會是，當我們了解自己、相信自己的智慧，自然就會改變看待外界的眼光。世界一直在那裡，我們的心態改變，看待世界的眼光也變了，所有的外在世界就會因你的眼光而轉變，很神奇吧！

共時性的體認

心靈拼貼®採用抽卡與讀卡的自我解讀，經常會在提出自身面臨的問題，接著去抽取圖卡時，遇到共時性的發生。

簡單來說，「共時性」就是榮格所提出「有意義的巧合」。我常常比喻一句我們常聽到的俗語：「說曹操，曹操就到」，這就是共時性。

我在練習抽卡、讀卡時，經常遇到共時性，也漸漸感受到宇宙的力量會很快的回到自己身上，因此連小奸小惡的事情都不敢做，不禁感受到自己的渺小，並敬畏宇宙的偉大。在我相處過的全球指導員身上，都看到、感受到他們尊敬自然環境、關愛自己與他人的特質，我看到一顆顆水晶般晶瑩剔透的心靈在閃閃發光。

這也是心靈拼貼®創辦人席娜女士，把每一個人比喻成一顆珠寶，放在廣大無垠的一張網上，每一顆珠寶的光亮折射輝映在其它珠寶上，讓每一顆珠寶更加閃閃發亮。這就是所謂的因陀羅網（Indra Net）概念。

讓我印象最深刻的一次共時性，是面臨我先生中風以後，他偶爾會突如其來的大發脾氣，跟我認識多年的溫柔體貼的另一半，判若兩人。有一次他突然亂丟東西、大吼小叫，我真的氣急敗壞，不知該如何應付他。於是我問自己一個問題：「請問是哪個能量來幫助我面對先生亂發脾氣？」

問完這個問題之後，我閉著眼睛從自己拼貼近百張圖卡中抽取一張，結果我抽到的是「父愛」，那是一位父親背著兩個小女孩，開心的嬉鬧著。我當場體

認到，我的先生一直以來是多麼溫柔體貼的對待我和兩個女兒，現在是因爲中風傷到腦神經，才會亂發脾氣，我應該多體諒他的好，不應該跟病人生氣。

抽完圖卡及自我對話之後，我再回頭去問先生：「親愛的，你想吃點什麼嗎？」這時我不但沒了火氣，也發現中風病人其實一回頭就忘記剛剛發過脾氣。

這次抽卡的共時性幫助我很多，這張圖卡常常在病人發脾氣時出現在我的腦海中，時時提醒我要看待對方原本溫柔的一面。

保持生活平衡

心靈拼貼®提到的陰影／黑暗面（Shadow），與榮格所提的陰影是相同的定義，太多或太少的能量都會失去平衡。

榮格學過易經，了解陰陽協調的道理；西方哲人亞理士多德早期也提出中庸之道，許多東西太多或太少都不好。這些與東方哲理是相通的，例如父母對子女的愛，太多就是溺愛，太少又過於冷漠；勇氣太多就是魯莽，太少就是懦弱。

看來正向的圖卡也都可能帶有陰影，即使是歡樂的圖卡，也要思索是否有潛在陰影；相對的，帶有黑暗面的圖卡，也有潛在的光明。我們透過讀卡的對話去了解自己的潛意識，一次一步、一次一點的對話，不需要時間表，不用跟他人比較，按照自己的步調，漸次的踏出一步，更了解自己。人生若是像駕著一艘船在波濤洶湧的海上航行，就要想辦法保持平衡駕馭這艘船吧！

談到「人生像什麼？」是我在帶領工作坊時偶爾會問學員的一個大哉問。他們會答：人生像一列單程火車的旅程；人生像正在織的一匹布；人生像一場戲；人生像一場夢……我聽過最妙的一個答覆是Carrie老師說的：「我老公說人生就是瞎忙一場。」你會心一笑了嗎？柏拉圖說：「所謂正確的生活方式，就是一邊快樂的遊戲，一邊生活。」我個人相當贊同。

那麼，你覺得人生像什麼呢？

我們是大地兒女

2016年夏天，我前往義大利的托斯塔尼亞古城，參加心靈拼貼®指導員國際研討會。

我第一次踏在百年的石磚路上，眼見的蔚藍天空是燕子低飛穿梭的畫布；耳朵聽到在古城凹洞處休憩的鴿子，咕嚕咕嚕的唱歌；呼吸時，胸肺充滿家家戶戶種滿的茉莉花香。研習了5天的身體律動、做卡、讀卡，全程滿滿的感動，第一次感受到我是自然之子，飽滿富足的放任給眞實美好的天、地、人餵養，讓身心得到安適的所在，心靈得到釋放與自由。

以前我也常出國旅行，覺得有見世面、開眼界的收穫；學習了心靈拼貼®之後，對於我和自然的關係有了覺察力，會更加用心感受周遭的環境。我們處在狹隘的島國，平常生活與工作都在水泥城市裡，缺乏與自然的互動。但是只要有一次小小的經驗體會，我們的心胸與眼界就再也大不相同，也會更珍惜每一次相遇的海闊天空。

把你曾經感動過的景象，做一張心靈拼貼®圖卡紀念珍貴的景象。當你看到這張圖卡時，不論你身處在哪個狹隘空間，都能回到當時的感動，讓我們的身心得到安頓。

Chapter 4

開始動手吧！

從一本舊雜誌開始！

只要一本有圖片的雜誌，就可以開始進行心靈拼貼®的流程了！

首先，翻閱這本雜誌，將上面吸引你目光的圖片，或是你感興趣的那一頁撕下來。

什麼？！要我撕雜誌？

從小我們被教導，要好好的對待書本和雜誌，現在要面對「撕雜誌」可能會產生兩個想法：一是好好的雜誌爲什麼要撕呢？需要一些心理障礙的突破；二是好棒啊！居然可以撕

雜誌，那就撕個痛快吧！

以前我去書店買書，都是先翻閱最上面的第一本，確定想買這本書後，就從底下拿一本新一點的去結帳。學習心靈拼貼®之後，可能是爲了要取得圖片，經常破壞書及雜誌。後來，我也想通了一點，我讀完一次的書，很少再讀第二次，他們大多數的命運都是捐給圖書館流通，那我爲什麼還要計較必須挑一本全新的結帳呢？把書的內容讀進去比較重要吧！

自從我覺察這個習慣之後，再也不堅持要拿全新且沒被翻閱過的書去結帳了。與舊有的習慣脫鉤，是因爲覺察力發揮了作用。而這不關對錯，是我覺察之後，進而調整了原有的習慣。

心靈拼貼®很棒的一點是——相信每一個人都有自己的智慧。身爲指導員，只要相信這套流程，不強迫、不追問，只提供一個安全的環境，讓每個人用自己的步調前進，沒有時間表或進度的問題。你只要了解自己、做自己就好。

心靈拼貼®簡單又療癒，就是從撕雜誌上的圖片開始。

眞的，用一本過期的雜誌就能開始。許多有製作圖卡經驗的指導員和學員紛紛表示，撕雜誌的本身就很療癒。這同樣也是我的心得，在某幾個睡不著的晚上，我乾脆起床撕雜誌。快速的翻閱，看到吸引我的圖片，就把這一頁撕下來。不要思考，也不要停留在文字之間，放大膽子，想要撕哪頁就撕哪頁。

這是練習使用我們原本就有的能力——直覺。

每個人覺得吸引自己的圖片各不相同，就像我們的指紋都不相同，每個人都有獨特的靈魂、自己的個性與偏好。就靠著自己的直覺撕吧！圖片也沒有好壞之分，每個人在每個階段或情境中，都會用直覺找到當時想要表達的圖像。

這就是心靈拼貼®的第一步，眞的很簡單！往往撕著雜誌，力氣用完了，也起了睡意，這就是心靈拼貼®帶來的附加功效——幫助睡眠。而心情低落時，刻意撕雜誌的破壞性動作，也有轉移注意力、撫慰心靈的功能。

如何分類與收納？

我撕雜誌時，除了自己要使用的圖片之外，指導工作坊也需要用到大量圖像，因此我買了分層櫃，平常的整理工作就是把撕下來的雜誌分門別類收納。

共有五大分類，除了人物、背景、物件、動物，我還將頭像篇幅大於圖卡的「人物」圖片另外存放，簡稱「大人物」。因爲有些雜誌的頭像拍的非常大，超過圖卡的尺寸，會讓初次製作圖卡的學員有取捨的困擾。這些可以先留存，之後讓有製作圖卡經驗的學員使用。

如果只是自己使用的圖片，使用檔案夾就足夠了。有趣的是，一旦養成搜集圖片的習慣，無論走到哪裡，只要一看到雜誌，就很想撕。以往，雜誌看完了就回收，現在則會先撕下多頁圖片後才回收。指導員之間笑稱自己應該歸屬於環保類型職業，把雜誌利用到極致才願意回收。

只要一把剪刀、一支口紅膠

心靈拼貼®使用的工具就只有剪刀和口紅膠。撕下來的雜誌頁，我們需要將文字部分完全剔除。因爲「文字」屬於理性思考的「左腦」，一旦看到文字，我們就會自動開啓左腦的邏輯運作；而「圖像」屬於「右腦」，掌管想像力與直覺。

心靈拼貼®在選取圖像時，希望使用與生俱來的直覺與想像力。我曾經實驗過，在指導心靈拼貼®工作坊時，擺出多本雜誌讓學員撕剪，經常發現有些人看到有趣的文字就停下動作，開始閱讀那些吸引他的內容。因此，我現在改成預

人物
人物(大)
物件
背景
動物

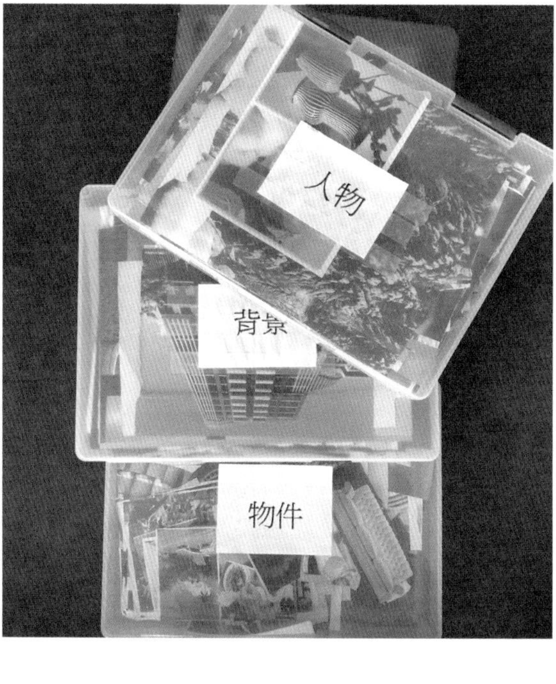
人物
背景
物件

先撕剪單張的圖像，在工作坊不再提供整本雜誌給大家。不過，當指導員自己聚會時，每個人還是會帶來幾本雜誌，交換使用。

若有人慣用美工刀也很好，配上切割墊，可以輕鬆割取局部圖像。其實「手」也是工具，有人喜歡用手撕畫作拼貼，也是很好的風格。

爲什麼建議使用口紅膠呢？如果用雙面膠和膠水不可以嗎？

基本上使用任何順手可得的黏膠都可以。我們把剪下來的圖像，拼貼到厚卡紙上時，有時無法對得很準確，若是使用雙面膠，已經固定了黏貼位置，若改變想法想撕下來重貼

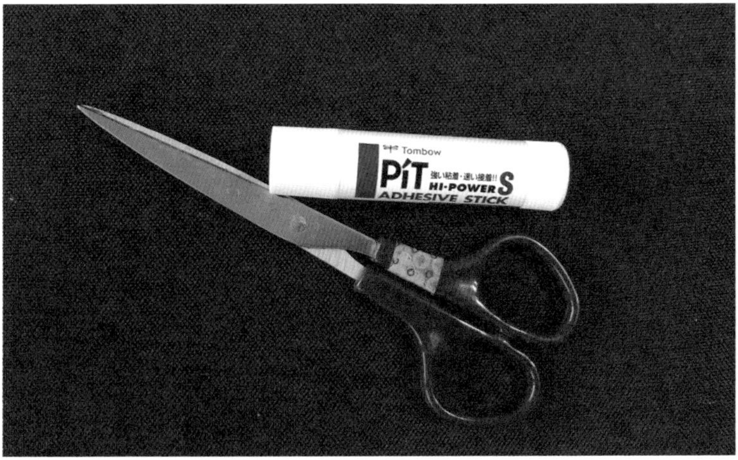

時，圖片就被撕破了。膠水有時擠壓的施力不當，很可能會溢出多餘的膠水，沾黏到圖片正面。而口紅膠黏貼的圖片，在剛黏貼時還有機會移動畫面，因此建議使用口紅膠。

綜合以上，製作一張圖卡的步驟非常簡單：

❶ 準備一本有圖像的書或雜誌，剪下任何吸引你的圖片（若想使用自己拍的照片，或直接手繪也都可以）。

❷ 將撕剪完成的圖像進行組合，當中至少要有一張背景圖，另外加上人物（或動物、物件）組合。

❸ 將上述圖像隨心拼貼（黏貼）到一張5×8英吋的長方形厚卡紙上，即可完成。厚卡紙可以買灰卡，自己使用的厚卡紙，只要尺寸一致就可以。

愛心義剪活動

目前台灣有許多社區幫長輩規畫活動內容，如果賦予他們一個撕剪雜誌的任務，告訴他們這是幫助他人的活動，相信長輩們會很有成就感的。美國監獄裡使用的心靈拼貼®圖片，都是愛心人士志願幫忙剪出來的圖片，他們稱為「無償的義務服務」（Pro Bono Service），眞是自助助人的好活動。

近來台灣培訓的指導員，也開始在監所帶領受刑人做心靈拼貼®，希望他們透過做卡、讀卡，擁有自我覺察與體會。因爲監所無法使用刀、剪，因此我們發起了一個「義剪」活動，歡迎有意願參加的人一起幫忙修剪圖片。主要工作是將從雜誌撕下來的人物與物件圖，修掉背景，讓受刑人可以直接取用，搭配其他的背景圖。

我從2018年開始的工作坊，都會在教室裡放一個「義剪箱」，請學員志願參加。等到累積上百張剪好的圖片後，交給當地的指導員，轉寄給在監所服務的指導員使用。

「義剪」的修剪原則大致如下：

❶ 不要只剪正面積極的圖片，歡迎各種多元化的圖片，指導員在使用前會先過濾適用與否。

❷ 分類成人物、動物、背景、物件配飾。

❸ 人物修剪要「去背」，剪除背景。儘量靠近人物，剪的精細些。

❹ 背景大小是5×8英吋的長方形，橫的、直的圖案都可以。

美國指導員依莎貝爾，她和先生都在大學任教，有許多捐獻雜誌的來源。往往捐給他們的雜誌都排在家門的走廊，讓他們都沒有空間走路。依莎貝爾想到一個好方法，她每一季舉辦一次免費的撕雜誌、剪圖片活動。約了幾位學員到家中一整天，由她提供簡單的餐點，全天都在撕雜誌、剪圖片，然後按照分類放入檔案夾中。

這個活動受到學員們很大的歡迎，因為活動完畢可以挑選自己喜歡的一些圖片帶回家；一邊剪一邊聊天，也是很好的社交活動，動手又動口，本身就很療癒。

認識四大圖卡套組分類

席娜女士設計的心靈拼貼®圖卡，就像撲克牌有四個花色一樣，分成四個圖卡套組，從四個切面做為平常的練習，可以眞實反應自己的內在與群體關係、靈性的引導，或是身體的活力。這四個套組的名稱分別如下。

❶ 成員卡（Committee Card）

屬於個人內在的子人格，每個人的子人格可能有無數個，需要我們花時間去一一認識。通常剛開始製作圖卡，最多的探討是落在成員卡的範疇當中。

❷ 社群卡（Community Card）

在我們一生中遇到的人或團體，甚至是家庭寵物，對你的人生觀及重要抉擇都有直接或間接的影響。那些你忘記的人與事，透過讀卡，有時會再次喚回埋藏的記憶，一一對話與處理。

❸ **引導卡（Council Card）**

也稱為「原型卡」（Archetype Card），屬於靈性探討與指引的層面。心靈拼貼®的引導卡採用榮格的解釋，稱為「集體潛意識」。

❹ **同伴卡（Companion Card）**

採取印度古老醫學「脈輪」的說法，透過視覺冥想導引，感受動物在脈輪的能量，可以了解自己各個脈輪的能量是否流暢，也能時時提醒自己回歸到對身體的覺知能力。

開始製作圖卡時，可以先不管它是歸類在哪一個套組裡，直接把所有圖卡放在一起使用即可；也不要管心理名詞或特殊名詞，簡單的開始就好。

Chapter 5

自我對話與記錄

由「我是……」開始角色扮演

即使只有一張吸引你的圖片，你也可以開始跟它展開心靈對話。如果你陸續搜集了一些剪好的圖片，你可以直接看著這一堆圖片，從裡面挑選一張有感覺的，也可以閉著眼睛隨意挑選一張。心靈拼貼®圖卡可以是選擇好主題，刻意去尋找符合主題的圖片，也可以是無意識的挑選，只要是當下吸引你目光的圖片都可以。

現在，我們準備開始跟這張圖片對話。

這部分很像「角色扮演」，你要使用這張圖片裡的人物，從他的角色與口氣說話。藉由圖像，我們比較容易輕鬆的表達自我，避免不知如何開口的困難。

不知該如何對著圖片開口表達嗎？心靈拼貼®教我們，第一句話就從最簡單的開頭──「我是……」開始。看著圖片，找到裡面的一個特定對象，可能是人、動物、花草樹木、物件，都可以。下頁這張圖片可以讓大家練習。

例如：「我是……一個正在教孩子寫功課的母親，希望他們認真的學習。」

就是這麼簡單，即使是三言兩語也是一個好的練習開始。

你也可以從圖片中的其他角色練習「我是……」，例如從正在看書的男孩開始角色練習。

「我是……看著媽媽在解釋作業上的題目，我感覺有些困惑。到底我要怎麼完成這麼多作業啊？」

要從圖片或照片上的哪個角色說話，完全仰賴你當下的直覺，往往你會很詫異，你也不知道爲什麼會講出這些沒有預設的話語。這種練習會很奇妙的喚出你內在的聲音，每個人都有不一樣的內在特質，對應每個畫面都有自己的直覺反應。而每一次讀卡，因著你當下的感覺，也會挑選不同的角色來表達內在的當下狀態。即使是同一個角色，在不同情境的練習，也會從自己的口中，說出當時的心聲。

有些人問我，他如果當時覺得自己是那「一本書」可以嗎？當然可以！只要你當下覺得自己是誰，你就可以成爲誰。你也會很訝異爲什麼自己會想當那一本書，這時候就可以用擬人法練習說：「我是一本書……」

透過練習，你會開始有能力以圖片的人物說話，往往說出來的話會讓自己很驚訝，甚至不明白爲什麼自己會說出這些話？這就是心靈拼貼®有趣的地方，藉著圖片的第三人稱，很容易喚起內心的眞實話語。

召喚內在聲音，並錄音記錄

在我們的成長經驗中，幾乎很少去覺察自己內心的聲音，也沒有練習過以這種方式去找到屬於自己內在的智慧。為了不打斷自己說話的思緒流動，我會利用手機錄音功能，將直覺式的表達錄下來，稍後再播放給自己聽。

有時會發現，自己與圖卡對話的內容，好像是一首詩或一篇散文。有了這樣的經驗之後，你就會明白，在剛剛說話時已啓動你原有的直覺與想像能力了，這跟我們刻意寫作是完全不同的模式。

我在聽錄音檔時，會將內容記錄在筆記本上，說話的當下是表達內心的聲音，可以宣洩情感，自我療癒；回翻筆記的時候，可以看清楚內在自我的成長軌跡，發現內在是有智慧的。

我在帶領工作坊，聽著學員練習「我是……」時，經常感到驚奇，許多人不自覺說的話，優美流暢的像一首詩，跟平常的說話方式完全不一樣。透過幾次練習後，每個人都能辦得到與圖卡對話！

最基本的心靈拼貼®流程就是這麼簡單，撕下吸引你的圖片、跟圖卡對話、記錄對話。光是這麼做，就已經得到對自己大有幫助的方法。這些都不用花太多金錢與時間，人人都能辦到。

同一張圖片，在不同的時刻，你也會說出不同話語。即使每個人拿到同一張圖片，內心的想法和表達也都會不一樣，因爲每個靈魂都是獨特的，當然各自不相同啊！

你會發現內心眞實的想法，這是自己誠實面對自我的一種簡單心理處方。只要明白自己的眞實想法，了解自己的心聲，許多事情就能釋懷。我們以前沒有跟自己對話的經驗，可能剛開始練習時，會感覺有些奇怪，但是多練習幾次後就會順口，反正試試看也沒有損失，開始接納一個新的做法嘗試看看吧！自我對話不會影響別人，也沒有面子問題，自己的心理健康也只有自己能夠照顧好。

以下示範一張已經拼貼好的圖卡，可以從圖卡中的任何一個角色或物件來練習，看完示範你也可以對它試著說說看，發揮你的想像力，記得要從圖片內的角色立場發言，從「我是……」開始。

記得，每個人都是獨特的，你有自己的想法與覺察，沒有對與錯，只專注於自己的練習，啓動你原本就具有的想像力。

示範❶ 我是……正在閱讀報紙的男主人，坐在地板上翻看我喜愛的運動報導，感覺到這是寧靜幸福的一刻。

示範❷ 我是……望著窗外的狗狗，我看著外面的大自然，好想出去玩。但是我的主人在我身邊陪著我，我感到很安心，只要有主人陪著我，在哪裡都是快樂的天堂。

看到任何吸引你的圖片時，都可以試著從當中找到一個角色，用他的身分練習說話，不要顧慮太多，只用當下的直覺說話。這是在練習啓動平常不太使用的右腦，讓你的想像力、直覺力都活躍起來。

心靈拼貼®是拼出對自己有意義的圖卡，因此可以把不同時空存在的人物或動物拼在同一張圖卡上。例如我們家曾經在不同時期養過三隻狗，牠們從未見過面，也已相繼離世，但是牠們同時活在我們家人的心中，各自有著重要的地位。爲了紀念牠們帶來的歡樂與安慰，我把三隻狗剪貼在同一張圖卡上，因爲牠們都是我們的忠實朋友，給我們撫慰的力量。

Chapter 6

如何替圖卡「開卡」？

以「讀卡」開啓能量

每一張圖卡在製作完畢後，都要練習「讀卡」，把自我對話的過程記錄下來，你才能明白這張是有意識或無意識做出來的，代表的能量是什麼。如果只製作圖卡而不讀卡，只能算是心靈拼貼®的「拼貼」，只是擁有美麗的藝術圖卡，並沒有賦予它力量；也因爲如此，你可能製作了許多重複能量的圖卡而不自覺。製作圖卡本身是有趣、好玩的，並無對錯，但若缺乏讀卡，就像申請了信用卡卻沒開卡，那張卡就無使用效力了。唯有透過自行開卡的過程，這張圖卡才對你有意義。

每張圖卡都有一個特定的「能量」，不過，席娜女士覺得能量一詞無法代表這份巨大的力量，於是賦予了一個專有名詞——「能特」（Neter）。這是古埃及字，意指「衆神之神」，也有盟友、存在、指引、挑戰者等各種含意。建議讀者可先用較能理解的「能量」一詞看待，每一張圖卡不論拼貼了多少張圖片，都只有一個能量。

此外，你也可以給每張圖卡一個名稱（暱稱），方便日後稱呼、記錄。有許多學員問：「是否要在背面寫上名稱，以免忘了它的名字？」基本上，每個人製作好的圖卡少則十幾張，多則上百張，若你做了對自己有意義的圖卡，再加上也都開過卡，相信你是不會忘記這張圖卡的。若在背面寫上文字就等於做了記號，如此一來，你在每次抽卡時都必須閉上眼睛選擇，否則就會失去神祕性與神聖性意義。所以，圖卡的背面還是建議要保持空白！

以下我將每個套組的圖卡，選取幾張做開卡示範。讀卡是爲了自己，是爲了更認識自己，請不要幫別人讀圖卡，也不要讓別人讀你的圖卡，我們彼此不應該干預彼此的生命。

請參考我所提出的問題自我對話與記錄，一開始可以照著提問，等到熟練讀卡之後，可能會產生更多內在聲音，屆時就不必受到原本問題的限制。讀卡時建議錄音，錄完再逐字記錄；直接動筆撰寫的讀卡記錄，一不小心就會落入做文章的邏輯思考陷阱。

記得要抱持「不批判」的心態，練習使用右腦的直覺與想像力，這是給自己的心理良藥，讓自己了解自我的內在狀態，不是給別人探討用的。相信你的內在智慧就對了！

插著腰的女孩

能量：勇氣

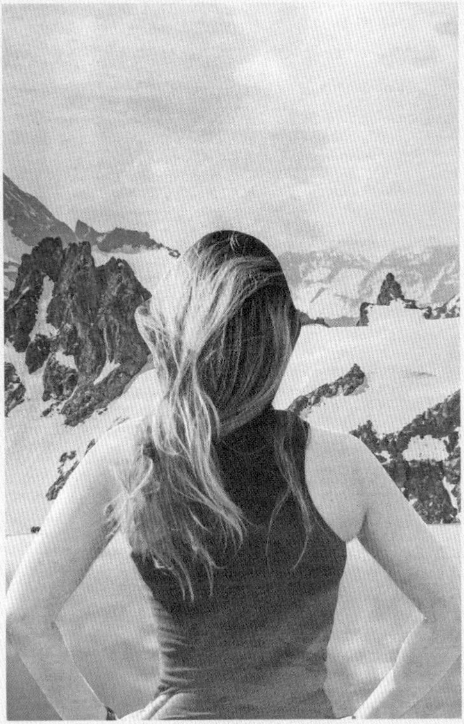

問題❶：我是……充滿信心，面向冰天雪地，昂手插腰的女孩。

問題❷：我想要讓你知道……再大的困難，要有勇氣面對。人生就只有一次，不做才會後悔。

問題❸：我帶給你的禮物是……抬頭挺胸迎向挑戰，要勇敢向前行。

正念

能量：當下

問題❶：我是……在草原深呼吸的女人，我閉上眼睛去感受當下存在的感覺。我享受青草地的芬芳，以及陽光灑在身上的溫暖。

問題❷：我想要讓你知道……時時感受，覺察當下的情緒，屏除所有念頭，「存在」本身就值得感恩。

問題❸：我帶給你的禮物是……吃東西要覺察食物的滋味；行進間感受每一步的接續；躺下來時放鬆所有的肌肉。全然只關注呼吸。

睡在吊床的女孩

能量：放鬆

問題❶：我是……度假的人，睡在吊床上忘記了時間，一杯咖啡、一本書，還有一頂遮陽帽，若是太陽太大，就拿帽子遮住我的臉。在安靜的樹林中，我想睡多久都可以，沒有人打擾我。

問題❷：我想要讓你知道……休息是為了走更遠的路，衝刺之餘要記得休息，為了你自己的身體，也讓身邊的人喘口氣。刻意撥出時間，徹底的休息。

問題❸：我帶給你的禮物是……一杯茶、一杯咖啡的休息時間，提醒你該規畫自己的休假。

騎單車的女人

能量：自由

問題❶：我是……踏上自行車展開旅程的女人，我的車籃子裡放了我喜歡的花束，讓我一邊騎車，一邊聞著花香。風輕輕的拂著我的臉龐，是我嚮往自在的感覺。我有駕馭的感覺、自由的感受，好像鳥兒飛翔一樣。

問題❷：我想要讓你知道……只要願意，你可以隨時騎著單車，漫無目的的四處閒逛。這是你的自由，你的樂趣。想到就去騎車吧！幸福就在你的手中、腳上。

問題❸：我帶給你的禮物是……隨處可見的UBike，看到就踏風而行吧！

成員套組

孤單的小孩

能量：孤單

問題❶：我是……寂寞的小女孩，雖然父母盡最大的力量，給我極大化的食物、衣物，可是我差距兄姊的年齡很多，我始終覺得很寂寞，我渴望友情。

問題❷：我想要讓你知道……有伴一起成長是受到祝福的。不論是兄弟姊妹、鄰居、同學，甚至寵物，能和他們親近、傾訴或是打打鬧鬧，都是美好的。

問題❸：我帶給你的禮物是……感到寂寞的時候，摸摸寵物，牠會回報你溫暖。

迎接秋天

能量：降服

問題❶：我是……一個張開雙手，迎接秋天楓紅落葉的女人。雖然我還留戀著夏天，戴著我的草帽，但是我知道盛夏之後，就是落英繽紛的秋天。

問題❷：我想要讓你知道……春夏秋冬季節的輪替，原本就是季節的循環，該到哪個季節就要做那個季節的事。張開你的雙手迎接吧！秋色有秋色的美麗。

問題❸：我帶給你的禮物是……豐收的時刻。看到了楓葉就知道這是你享受豐收的時刻了。

教學團隊

能量：團隊精神

問題❶：我是……禪繞畫教學團隊的一員，與大家一起承擔教學的工作，一起到美國學習探訪。

問題❷：我想要讓你知道……和團隊在一起，快樂會有4倍；憂愁只會有1/4。因為我們一同承擔與分享，可以一起互相討論與支援。

問題❸：我帶給你的禮物是……友情無價。用真誠的對待、大格局的分享，善待值得付出的夥伴。

爸爸教騎腳踏車

能量：指導

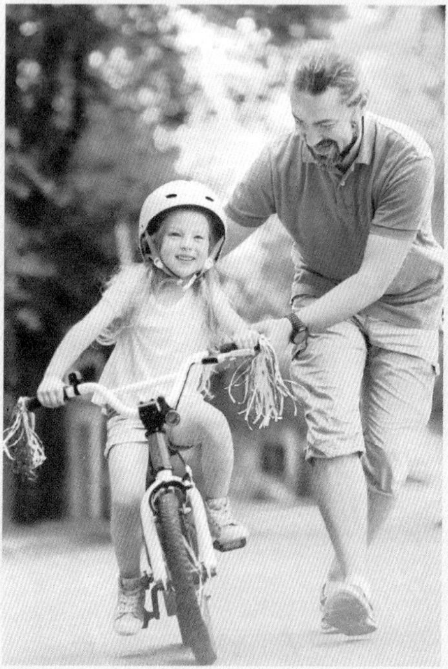

問題❶：我是……教你騎腳踏車的父親，我用手扶著車，讓你感覺有安全感，因為我陪在你身邊。

問題❷：我想要讓你知道……騎腳踏車和游泳這些事，都要靠自己才能學會。一旦學會了，就是終身的技能，不會忘掉。我站在你旁邊，是給你心理的支持，其實我的手並沒有用力的扶著車把。

問題❸：我帶給你的禮物是……在旁邊鼓勵和加油。雖只是陪伴，卻是有品質的陪伴。

社群套組

雙十思路

能量：傳承

問題❶：我是……蘿拉，在2017年10月10日國慶日，培訓出16位心靈拼貼®指導員，感到傳承的喜悅。

問題❷：我想要讓你知道……在舉辦指導員訓練營的第一天，我抽出了席娜女士的社群圖卡「與我同在」，她要告訴我傳承的重要性。我戰戰兢兢的如實傳達心靈拼貼®理念，在華語世界裡發揚光大。

問題❸：我帶給你的禮物是……一花、一葉都是宇宙的禮物，生生不息的持續傳承。

心靈拼貼®狂熱者

能量：支持

問題❶：我是……與你們共同成長的一分子，我喜歡跟你們一起做卡、讀卡，學習新的技能。

問題❷：我想要讓你知道……有志同道合的夥伴一起學習是非常幸福的。我們的年紀有所差距，從事的行業也不相同，但是透過心靈拼貼®，我們彼此相知，互相支持。當遇上人生難題時，我們會彼此陪伴一起面對度過。

問題❸：我帶給你的禮物是……看到這張圖卡，就會產生支持的力量。

大姊

能量：家的守護者

問題❶：我是……你的大姊，媽媽去上班或做家事時，都是我背著你長大的。我背著你跟我的朋友玩，你長得這麼重，把我都壓矮了。

問題❷：我想要讓你知道……把家裡的人照顧好，陪在他們身邊一起聊天、嬉鬧，就是我最快樂的時光。把孩子餵飽，嘘寒問暖，他們身體健康，我就心滿意足。平時養花、種樹、餵動物，跟養孩子一樣的自然有趣。

問題❸：我帶給你的禮物是……看著身邊的花草樹木如此茂盛，以及滿院子的動物，是你不間斷守護的成果。

葡萄美酒

能量：延續

問題❶：我是……白髮蒼蒼有經驗的長者，我享受豐收的果實與葡萄美酒。我雖然可以享受晚年時光，但仍然願意工作，將我的經驗傳遞給年輕人，告訴你遠景在哪裡。

問題❷：我想要讓你知道……老化是自然法則，四季更迭才有春暖、夏熱、秋收、冬藏的不同美景。我喜歡現在的我，我接受逐漸退化的我。

問題❸：我帶給你的禮物是……感受到冷暖就是自然給予我的禮物，好好認真的感受它、擁抱它、愛它、謝謝它。

小女超人

能量：戰士

問題❶：我是……意志堅定的小女超人，我用力的擊出右拳，可以打擊所有的壞人，保護我的領土和國民。

問題❷：我想要讓你知道……只要我持續不斷的鍛鍊，我就是最強大的領導者，所有的困難，我都不害怕，勇敢的面對挑戰，因為我知道汗水不會白流，我可以拯救許多人。

問題❸：我帶給你的禮物是……堅定的意志，有俠義的精神，保護弱小。

魔法師

能量：轉化

問題❶：我是……呼風喚雨的魔法師，我知道我來自於本源，在今生今世修練、學習不同的功課。

問題❷：我想要讓你知道……日出日落、花開花謝、緣起緣滅、物換星移。只要懂得轉化，在人群中仍然保有自我，在獨處時有宇宙陪伴，我就一直存在。

問題❸：我帶給你的禮物是……揮舞出自信，展現自我，造福人群，回歸自然。

愚人

能量：搞笑

問題❶：我是……搞笑的愚人，我喜歡逗你們開心，別太嚴肅了！人生已經有太多煩憂苦悶，讓我們找些樂趣，開心的笑吧！不怕出醜、不怕搞怪，不就是短時間保留的印象，一切都是過眼雲煙，不如開心找些樂子！

問題❷：我想要讓你知道……即使天塌下來也甭擔心。一天的憂愁一天擔就已足夠，重要的是常保喜樂的心。好好呼吸、好好遊戲、好好過自己的生活。

問題❸：我帶給你的禮物是……面對許多事情可以睜一隻眼或全都閉上，眼不見為淨。愚笨多一點，快樂也會多一點。

感恩

能量：感謝

問題❶：我是……在感恩節的餐桌旁，和全家人一起手牽著手的小男孩。這是我們家的傳統，在這值得感念的日子，我們對著火雞獻出禱告與感謝。謝謝我們有豐盛的一餐，更重要的是全家守候在一起。

問題❷：我想要讓你知道……我能有豐盛的一餐，要感謝許多我認識或是不認識的人。沒有人可以獨自在社會上生存而沒有經過他人的幫忙。我感謝桌上的飲食，我感謝一個善意的微笑，我感謝他人的協助，我感謝大自然的美好，我感謝一切的一切。

問題❸：我帶給你的禮物是……凡事感謝，一切都是恩典。

拿望遠鏡的女人

能量：追尋者

問題❶：我是……拿著望遠鏡眺望遠方的女人。我尋尋覓覓更好的技能與知識，讓我有所發揮，有一番新天地可以自在的玩耍。我可以藉著望遠鏡，看到更遠大的目標。我知道遠方還有許多美好的應許之地，等著被我發現、找到。

問題❷：我想要讓你知道……持續觀察、注意趨勢，掌握好正確的方向，就能找到甘泉，讓我的心靈得以飽足。

問題❸：我帶給你的禮物是……敏銳的趨勢觀察力。

心輪

能量：和平

問題❶：我是……一隻回頭微笑的鴿子。

問題❷：我想要讓你知道……和平與和諧能帶來真正的平安。想辦法在你的影響範圍，用和平與愛去影響別人。

問題❸：我帶給你的禮物是……信望愛。

※註：由於無法找到回頭微笑的鴿子圖片，Donna指導員特地爲我畫了一隻。Ivy和Yvonne兩位指導員也畫了禪繞畫做爲背景圖。在此向三位表達謝意，我會好好珍藏這張有意義的心輪圖卡。

喉輪

能量：迅速確實

問題❶：我是……眼鏡蛇，我把小麻雀趕走而不是吃掉它，我只是站起來宣示我的主權。

問題❷：我想要讓你知道……話語毋須多而無當，一語中的即可。

問題❸：我帶給你的禮物是……選擇正確的話語，多說無益。冷靜思考後再出口。

第三眼脈輪

能量：遠見

問題❶：我是……站在山丘上的一匹狼，我凝視著遠方，想為我的家族找尋新方向。

問題❷：我想要讓你知道……每個人都帶有使命，用本能和努力，為團隊也為自己，活出一個精彩的人生。

問題❸：我帶給你的禮物是……抬頭挺胸迎向挑戰，要勇敢向前行。

王冠輪

能量：主見

問題❶：我是……海裡的霸王，我有銳利的牙齒、矯健的身手，我是海中凶猛的女王。

問題❷：我想要讓你知道……每一個生物都有該表現的本能，食物鏈也有你的貢獻，只要選擇該取用的資源，就能悠遊自在。

問題❸：我帶給你的禮物是……保持風範，當取則取做自己，留下空間讓生物共存共榮。

Chapter 7

回答問題的讀卡方式

自己的問題自己答

每張圖卡的開卡，會提醒你這張圖卡帶給你個人的意義。當我們累積大約10張圖卡時，就可以開始使用抽卡、讀卡的流程。

抽卡是心靈拼貼®流程中最令人怦然心動的部分。或許是人類共通的好奇心，在抽卡的時候都充滿了期待，慎重的從一疊圖卡當中，抽出回應問題的圖卡。

我們爲什麼推崇心靈拼貼®，有一個很重要的原因就是──自己提出的問題，由自己回答。這是很安全的做法，不會因爲有人幫你解讀而產生困擾，無論說好或不好，都會影響當事人的心情與決定。

一位優秀的指導員，不是口才很好，或是不斷剝洋蔥的探測。反而是尊重每個靈魂都是獨特的，相信心靈拼貼®流程本身就會帶領讀卡人按照自己的步調，逐漸進入內心。因此懂得傾聽、以關懷爲前提，耐心的等候讀卡人的腳步，才是對指導員的期許。

如果是個人在家中抽卡、讀卡，可以利用手機的錄音設備；如果是參加團體的工作坊，學員之間可以互相擔任記錄。

首先，先在紀錄紙上寫下你生活上遇到的一個問題，然後決定這次想抽幾張圖卡來解答你的問題。按照個人意願，可以選擇抽一至四張圖卡。將一疊圖卡正面朝下放在桌上或腿上，心中默想提問，接著抽出圖卡，正面朝下，依序放在自己的面前。在回答問題時，應該是翻開一張就回答一次，直到全部圖卡都回答過才算完成。

每次要抽幾張，完全看自己擁有多少而定。剛開始製作圖卡的朋友，因爲數量不夠，所以一次抽取一張即可。

一次讀三卡

以下示範「一次讀三張圖卡」的抽卡、讀卡方式：

❶ 先想好一個問題，然後在筆記本上記錄下來。

示範：**我該如何面對剛失去的工作機會**？

❷ 默想問題，接著從自己的一疊圖卡裡抽出三張，正面朝下，從左到右擺放在面前。只要自己知道抽卡的次序，從右手邊開始排放也可以。

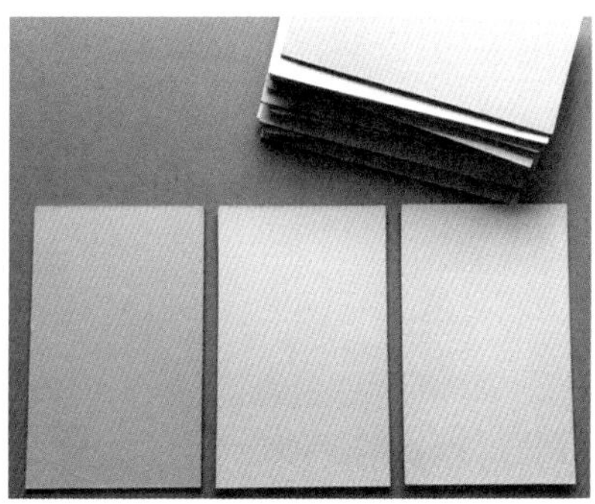

❸ 翻開第一張圖卡，看著圖像開始直接回答問題。

圖卡名稱：放鬆

「我要放輕鬆的躺在吊床上，晒晒好久不見的陽光，喝杯咖啡，找一本沒時間閱讀的書，休息夠了再翻翻幾頁。呼吸著自然的空氣，徹底的放鬆。」

我的行動是什麼？——「去山明水秀的地方，享受輕鬆自在。」

❹ 翻開第二張圖卡，看著圖像開始直接回答問題。

圖卡名稱：父愛

「我要和先生及兩個女兒享受天倫之樂，在這世界上最重要的是親人，我該多花點時間在家人身上。」

我的行動是什麼？——「多跟家人互動，從行事曆上優先撥出時間，到美國兩地去跟兩個女兒個別聚在一起。」

❺ 最後翻開第三張圖卡，看著圖像開始直接回答問題。

圖卡名稱：自在

「我要騎著單車，聞著花香，在大自然中自在的唱歌、玩耍。」

我的行動是什麼？——「約家人朋友唱唱歌，多騎單車到戶外走走。」

三張圖卡都讀完了，仔細看看圖卡的內容，想一想是否要調整排序？這時候可以自由調整，次序的變動要看是否會影響你的回答而定。這次的讀卡我就按照抽卡次序，不做調整。

接著，再仔細觀察三張圖卡的細節，看看是否出現共通的元素或模式。例如我這三張的人物都很放鬆，都有大自然的背景，都很愉快自在。

我自己讀完卡的覺察是——我要徹底的放下這次失去的機會，工作並不是我生活的全部，利用暫停的機會，把握並珍惜身邊的天倫與自然美景，這才是對自己當下最重要的事情。

從這個示範你可以了解，把生活中遇到的失意或失落的事件，透過抽卡、讀卡，直覺性的看著圖卡說話、記錄，整個過程就是一種自我療癒。說出來、寫下來，就轉換了你對產生困擾事件的情緒。這就是心靈拼貼®希望達成的目標——「發現你內在的智慧，改變你對外界周遭的眼光。」心念轉了，整個世界也亮起來了。

一卡讀三次

一卡讀三次是指：只有一張圖卡，卻連續讀三次的讀卡方式。

可能有人認爲，怎麼會有這麼多話想說？不過，當你讓心安靜下來，可以看著圖卡試試看，自己拼貼的圖卡，眞的能夠帶來許多感觸與想法。

以下的一卡讀三次，由居住在美國的Daphne Tai指導員示範。

第一次紀錄：

我是一位三個孩子的母親、五個孫兒女的祖母。看著他們每天長高、茁壯、獨立，我感到很欣慰。他們的平安就是我的快樂；他們的嘻笑聲時常在我的腦海裡盤旋著。

第二次紀錄：

我是一位三個孩子的母親，他們都已經長大各自成家。每當他們遇到挫折時，還是會跑向我的懷抱，無論是喜悅或悲傷，我的肩膀永遠會讓他們依靠。

第三次紀錄：

我是一位三個孩子的母親，我時常會想念以前我爲他們倒牛奶的那些日子。我是一個不求回報，默默付出的母親。而現在，我偶爾會接到他們問候的電話。啊！我是如此的想念他們，但是問候的電話，是我現在唯一擁有的期待。

問題❶：這張卡給了我什麼？

無條件的愛，付出的意願，寂寞。

問題❷：你（圖卡）想讓我知道什麼？

珍惜與愛的人相處的當下，用真誠的態度愛他們、傾聽他們、了解他們。

問題❸：你（圖卡）還想要對我說些什麼？

勇於表達你的愛與關懷，不要等到太晚了才後悔。

問題❹：你（圖卡）在我這一疊圖卡裡的角色是什麼？在我生命中的角色又是什麼？

時光飛逝，生命延續著，但是偶爾還是要回頭看看，這些記憶是永遠存在的。

問題❺：圖卡帶來的光明面／陰影面？

‧光明面：沒消息就是好消息，子女平安就是最大的欣慰。

‧陰影面：淡淡的寂寞。

以上的兩種讀卡示範，都是由一個人讀卡，同時請另一個夥伴幫忙記錄，如此才能讓讀卡人暢所欲言，用直覺與想像力盡情發揮，而不是由自己記錄，落入思考而停頓。

若你只能獨自讀卡，建議先用手機錄音後，再謄寫到紀錄紙上。

Chapter 8

練習認識自己

重視身體感覺的完形療法

心理學派有一個完形療法（Gestalt），它的目標就是「覺察」。

覺察包括了解自己、接納自己、了解環境，並且能與他人良好接觸。如果能夠提升自我覺察的能力，本身就具有療效，可以有包容力去面對與接納自己原先拒絕接受的部分，並且能夠充分體會這一部分的主觀性，漸漸變得統一與完整，讓生活過得更充實。

完形療法影響許多心理治療學派及相關領域，席娜女士也是其中之一，她於60年代在加州依沙蘭學院當面向「完形之父」波爾斯請益。波爾斯特別重視「身體感覺」，主張放棄理性，去傾聽身體的感覺，故席娜女士後來也發展將身體律動加入心靈拼貼®工作坊的帶領。

以冥想覺察身體

心靈拼貼®的四個套組當中，有一套是與「身體活力」相關的「同伴」套組。席娜女士採用印度瑜伽的脈輪冥想，使用動物能量代表七個脈輪的能量，以及身體的活力，因爲她認爲動物的活力是最靠近人類的，但也有可能在冥想中出現花草樹木等植物，這都沒關係，主要是放鬆自己的身體，不批判、不論斷，嘗試開放心胸，在視覺冥想的導引中，去接納浮現在眼前的景象。

若是不能接受脈輪觀念的人，可以用身體掃描的概念，或是想像身體的活力以中醫的七情表達——喜、怒、憂、思、悲、恐、驚。古老醫學的經驗已經明白情緒會直接影響到內臟器官的健康，重要的是覺察身體各部位的狀況，是否都通暢。

當我生平第一次做視覺冥想，短短的15分鐘內，腦海裡居然浮現了六種動物，我雖然吃驚，但還是一一記錄下來，然後回頭去找這六種動物，不過，所有的動物圖片都不是我冥想中出現的樣子。 其中，我的心輪出現了一隻回頭微笑的鴿子。

我的心輪鴿子有次在我帶領視覺冥想時，居然還出現來看我。我感到很詫異，沒想到我站立著，自己卻被自己的話語帶領進入冥想的狀態，我口中雖然持續的唸著，心思意念卻跑掉了。這是一次奇妙的經驗，卻讓我體會到只要放鬆身體、開放心胸、靜靜接納一切來到眼前的事物，就會是很愉快的經驗。

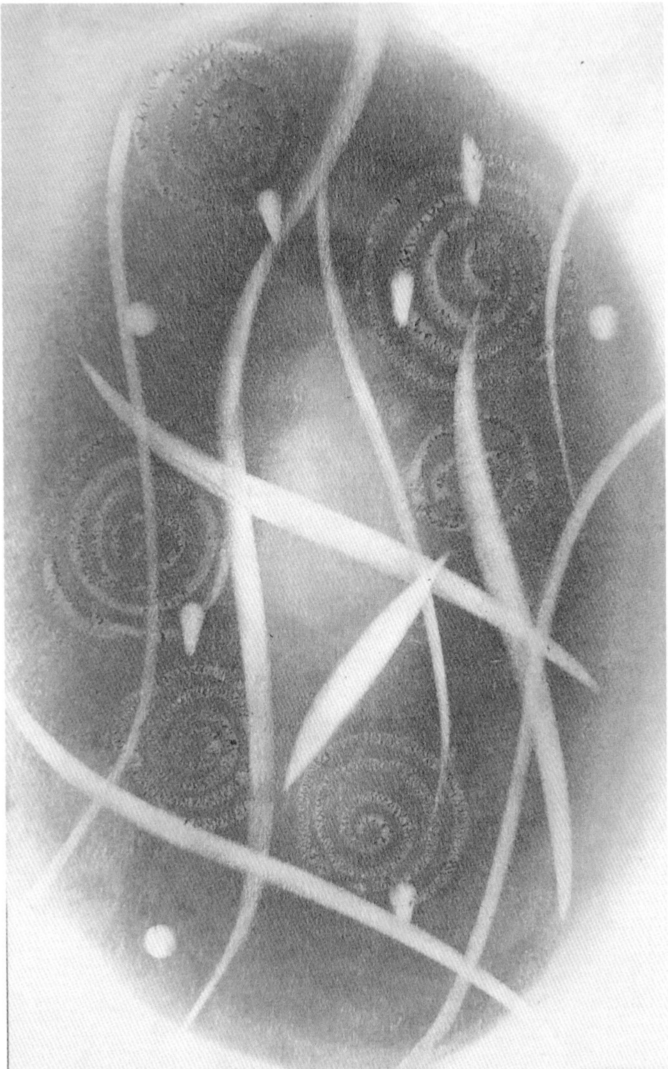

就像心輪圖卡是朋友畫給我的；上頁的圖卡背景也是一個使用多元藝術媒材的良好示範，代表——心靈拼貼®圖卡可以用畫的。特別是圖卡的背景底圖，可以運用水彩、粉彩等複合媒材，自行塗抹創作。

由此可見，圖卡的製作非常自由，隨意運用喜愛的媒材，自由剪貼，只要對製卡本人是有意義的卡，愛怎麼貼就怎麼貼。如果找不到合意的圖片，自己創作更好。

學會清理情緒垃圾

一般人社會化的過程，經常會壓抑自己的情緒，特別是女性朋友，在照顧家人或符合賢妻良母形象的同時，經常忽略自己的眞實感受。如果你問一位現代女性朋友，你怎麼照顧好自己？多半聽到的是——她會去喝杯好咖啡、按摩、跟姊妹淘逛街等，卻很少人談到照顧好自己的感受。

心靈拼貼®的「成員」套組，多半是代表自己的「子人格」，俗稱三面夏娃。

每個人的心理層面住了許多子人格，很像一起開會的成員，有一位主持人，但是如果你不給其他成員表達意見時，在某個關鍵時刻，可能會有成員跳出來拍桌子，成爲暴走族。現在社會上出現許多出人意外的情緒暴走族或路怒族，都是沒有正常反應自己的感受，沒有疏通自己的情緒，所產生的社會隱藏炸彈。有些人會以唱歌、運動、舞蹈等嗜好調劑自己的生活，但是很少人想到，我們必須經常清理情緒的垃圾，才能保持心靈的平衡。

我操作心靈拼貼®圖卡這套工具至今，如果遇到不順心的事情，都會問我自己：「我現在是什麼樣的情緒？」然後抽張圖卡回答這個問題。我更喜歡的是，把目前遇到的問題帶到我的心靈支持圈，透過團體的抽卡、讀卡，經過團體的傾聽與支持，得到更大的能量來應付困境。

在我們心靈支持圈聚會的開頭，經常會先問每一位參與者今天的「心情氣象」，每個人都要分享。從分享的一瞬間，我們都明瞭對方目前所處的心理狀態，會給予支持與鼓勵。

當你知道你不是孤島，有一群支持你的夥伴，那麼問題就有機會提出來共同商討與面對。即使你暫時還沒有勇氣，或是還沒準備好說出來，只要知道身邊的這群人在旁邊陪伴，就提供了一個安全的舒適圈，讓你可以在這裡安心的滋養休憩。

Chapter 9

群體的支持力量

自己讀卡與團體讀卡的動能大不相同。

席娜女士在一開始就是以「社群」爲前提，製作了第一套社群圖卡，希望透過群體的力量支持個人。每個人都需要群體的互助與支持，它超越閒聊或嗜好聚餐活動，希望能夠幫助個人心靈的成長。能夠有人陪伴、傾聽與互動，可以度過人生的低潮與分享重大事件。

席娜女士也將圖卡內化在每一天的生活裡。

每天一早，她會從社群套組裡抽取一張社群圖卡，再從其他圖卡裡抽取另一張。針對圖卡上的人物，她會打個電話或發封電子郵件，問候一下。這是她保持與社群互動的方式，也是現代人最缺乏的彼此關懷

定期和三五好友或家人，一起透過抽卡、讀卡與記錄，讓我們有機會碰觸「我與自我、我與人群、我與天地」之間關係的深層議題。可以有調節情緒、紓解壓力、化解憂鬱及陪伴互助的好處。

心靈社群的人數不必太多，大約4到8位，才能顧及到每個人的需求與表達。可以指定輪替，約定每一季有一位專人協助大家找場地、發通知等。一次討論時間建議是3個小時，見

面頻率可以由大家討論決定，有的團體是一月一會，有的是兩週一會，重要的是大家事先約定方便的時段。

第一次會面就要先約定團體公約，以下基本原則供參考，其他項目則根據各自團體的需求再行增加。

❶ 使用自己製作的圖卡，看著圖卡練習「我是……」的句子，不需要解釋圖片的內容。
❷ 不論對自己或是團體的其他人，請放下批判，尊重每個人的發言權，用心陪伴與傾聽。
❸ 要讓每個人有自己成長的腳步，除非受到邀請給予意見，否則勿對他人的圖卡加以評論。
❹ 相信自己內在的智慧，相信自己的直覺與想像力。
❺ 散會以後對團體內的發言與個人資訊保密。
❻ 其他（自行增加）。

見面場所可以在成員家中或可以談話的咖啡廳，以輕鬆自在為原則。

如果你是很內向的人，不想主動找朋友成立心靈社群團體，我給你的建議是：去參加心靈拼貼®指導員的工作坊，從工作坊裡找到志同道合的「心」朋友，在工作坊裡就約定下一次的團體聚會，一起製作圖卡、讀卡。

本書是爲了一般民衆的心理健康所提供的方法，若發現身邊的家人朋友有明顯的精神問題與困擾，請找尋專業諮詢機構協助。而心理諮商師與輔導專業人士若想要使用心靈拼貼®的方法協助個案，請參加指導員訓練營，了解原理與全貌後再行使用。

附錄

心靈拼貼®是教練工作或團隊引導的最佳工具（黃聖峰）

圖卡（Tarot）一般直譯其音爲「塔羅」，近年來以輔助工具運用在教練引導中，成爲一種有效、方便又有趣的工作方式。

運用圖卡說故事的重點在於，當個人欣賞圖卡的同時，敘說並投射出自身的生命故事，教練可根據投射的內容進行對話，或是聚焦於對話中重要的議題，讓個人在過程中產生對自身經驗的覺察，有助於個人深入自己的生命故事進行探索。當故事在教練過程中逐漸顯現與深化，就有機會讓個人找出自己的閃亮經驗，從而改變對於自身問題的理解。藉由圖卡的催化，投射自己或他人生命故事的同時，讓個人覺察問題，進而找出答案。

運用圖卡作爲心理投射的工具，並運用藝術治療的工作理論與技術，不但讓教練過程變得有趣，更能讓對話變得豐富而廣泛。在我的實務經驗中，經常可以發現個案在圖卡運用過程中，降低防禦變得放鬆，同時深化對話的內容，讓對話可以更加深入探索而有效率。

個案可爲圖卡編撰故事或表達心情，教練也可以運用圖卡和個案建構對話或活動，創造輕鬆與安全的氛圍；個案可以更眞實的表現情緒或心情，而教練更能覺察他們的成長與轉變。教練相信只要提供「夠好」的情境與關係，個案就會自己走出困境，每個人都有潛藏的能力足以修補生命中的缺角。

在團體教練或引導中運用圖卡，除了協助成員進行自我探索以外，成員的互動與分享也提供了對話機會。分享的過程中，成員用不同角度提出對圖卡與彼此的看法，可以讓每個人有更寬廣的自我發現與更深度的自我覺察。

如同藝術治療師派特．亞倫所說：「我們對於自我、自己所愛、所憎恨的都有一些內存的影像。」透過圖卡把這些內存的影像召喚出來，往往是通往內心的心靈地圖。只要你動手，它自然就會浮現。

心靈拼貼®圖卡有點像超現實主義提出的「心靈自動繪畫」，也就是透過自由拼貼創作，展開心靈探索的歷程。重點擺在什麼樣的圖像，挑起你什麼樣的感情？眼前的圖像，勾起你哪一個時期的回憶？藉由浮現在圖卡上的圖像，能夠更加了解自己。

這樣的自我探索，不用擔心繪畫畫得好不好、像不像，不需要有任何壓力負擔。只要你願意，不論男女老少，都能做心靈拼貼®圖卡。你可以做10張，也可以做100張，無論多少張，你絕對會珍惜它們，並且想要找到分享它們的方法。

透過個人的想像力與直覺攪拌在一起，再加上強勁有力、剪下來的圖像，製作個人專屬的圖卡，幫助自我探索心靈、探索陰影，以及發掘自己與生俱來的天賦。拼貼是一種隱喻，是去發現、聚合、重編所有的能量點滴。而這些能量是原本就存在於宇宙內的，每個人永遠都可以從周遭領域中的圖像取材，做出屬於個人的圖卡，進而探索內涵。

心靈拼貼®可以協助人們將其內在的想法和情緒，以隱喻的方式表達，並轉換成一種行爲或活動。透過簡單圖卡，人們得以連結內在眞實的聲音，聆聽這份原本就存在的智慧訊息。席娜女士相信在關係建立的基礎下，可以透過圖卡讓個人更有安全感的接觸其個人議題，同時也可以因內在得到能量而有所轉變。

製卡者可依自己的直覺來解讀卡片、角色扮演與卡片對話，也可以選在每天的特定時刻，抽取一張，讓它的訊息伴隨指引自己度過這一天，或是將特定的圖卡放在特別的位置，讓它的訊息時時與自己產生共鳴迴響。

如果個人有特別的困惑、想釐清的議題，可以透過抽卡、讀卡來諮詢特定問題。例如：

「請給我的生涯困擾一點指引。」
「關於我和上司的關係，我該知道些什麼？」
「今天的衝突，是要我學習些什麼？」
「最近我好累，我該怎麼做？」
「現在是什麼狀況？」

目前市場上有許多現成的圖卡可以購買使用，大致上可以分成以下幾類：

主題圖卡：

如塔羅、占卜卡、療心卡、原型卡、易經卡、奧修禪卡等同屬此類。有一套自成體系的詮釋，圖像符號象徵和意義之間的對應，往往需要對圖像符號具備一定程度的理解，才能進行解讀。

心靈圖卡：

天使夫人朵琳的天使卡系列，或女神卡、蓋婭卡，花草芳療卡等。心靈圖卡通常用於心靈療癒與正向指引，解讀時更需要感受與直覺力，甚至可以結合能量儀式使用，增強療癒的品質。具有撫慰人心功效的正向卡，如漣漪卡、人像卡、彩虹卡等皆歸於此類。這類圖卡不具備嚴謹的意義對應，圖像和字句的連接相對開放，也比投射類圖卡有更明確的指示，適合當作每日一抽或自我陪伴的媒介。

投射圖卡：

OH卡系列、「PERSONA」（人像卡）、遊藝卡、「Cope卡」（克服卡）等，或各種具備澄清效果的圖卡皆可歸在此類。它的特色是圖文完全開放，不強調明確的意義對應，即使是同一張圖或同一個字詞，不同人會偏重不同的方向，形成不同的詮釋，這些詮釋往往又和每個人的狀態息息相關。

教練或引導者在選擇圖卡時，除了考慮個人喜好和習慣外，還要注意對象的接受度，因此需要注意圖像風格、文化，甚至是宗教等細節。

例如圖像要避免過於激烈，OH卡有些圖卡就不適合；若是面對無法接受奇幻、神話風格的對象，天使卡或具有奇幻風格的神諭卡也許就不適合。此外，可能有些男性無法適應過於柔性風格的圖卡，或是面對不太能清楚理解圖卡上的圖像等，這些都是選擇圖卡時需要考慮的因素，或是應用上的限制。

心靈拼貼®完全跳脫出以上圖卡的限制，並且綜合心靈圖卡與投射圖卡的效能，可以幫助個人製作屬於自己的圖卡套組。

動手做出簡單的圖卡是有趣的過程，你會驚訝的發現，這些圖卡能幫助自己探索心靈、內在陰影，以及個人與生俱來的天賦。心靈拼貼®圖卡成為個人一種圖像式的手札，圖卡不只是美麗與有意義的，同時也是有彈性及可以精進的。

心靈拼貼®是屬於個人內在智慧獨特的唯一圖卡套組，圖卡運作得越久，對個人生命展現與改變模式的力量就越強大。

什麼是心靈拼貼®？

心靈拼貼®是美國心理諮商師席娜．弗斯特所創辦的一套圖像拼貼流程，是她20多年來使用在自己主持的團體諮商工具，後來與美國漢福德出版社共同在2001年正式成立心靈拼貼公司（SoulCollage Inc.），發展成一套透過指導員帶領工作坊的系統。

心靈拼貼®有著心理學的底蘊，但是以簡單有趣的圖像剪貼切入，平易近人。由指導員帶領個人與自行製作的圖卡對話，進而發現內在的智慧，也能覺察自我、覺察環境、覺察大自然與自我的關係。

席娜女士採用榮格、完形療法等理論，用最簡單的剪貼方式，讓參與者選擇吸引自己的圖像，透過創意黏貼與角色扮演，順從自己的直覺與想像力，察覺內在的聲音。同時她也強調社群的重要性，希望有固定團體讀卡的活動，讓彼此支持互助。

心靈拼貼®可貴的地方就是提供每一個人機會，發覺自己內心深處的智慧，而並非總是從書本擷取或聽從他人的聲音。

透過席娜女士發展的「我是……」，這是與圖卡自我對話的一個重要流程，讀卡人運用直覺與想像力，從自己挑選圖像而拼貼成的圖卡，發現內在的自我智慧，進而改變面對外在世界的眼光。

心靈拼貼®已在全球43個國家扎根，擁有3000多位指導員。亞洲目前有100多位指導員，在台灣、馬來西亞、香港各地區協助個人與社群，舉辦體驗課程和工作坊。亞洲起步很晚，還在嬰兒期，2014年才正式介紹進入台灣，需要前期受過訓練的指導員，不斷學習並透過工作坊的帶領，逐步踏實的傳達心靈拼貼®的精神，爲當地的社群服務。

心靈拼貼®常見問題

在工作坊當中，有學員經常問到一些問題，整理如下請讀者參考。

❶ 問：我可以先隨興做圖卡，等到累積一定數量再分組嗎？

答：可以！隨興做是有趣的，不過，建議每製作完一張就進行「開卡」的記錄，因為我們是製作「有意義」的圖卡，找到屬於自己的一個成員或原型，若只製作而不開卡、不與圖卡對話，有可能會重複找到具有相同意義的圖片。

初期不會分組完全沒關係，隨著你對心靈拼貼®的了解，漸漸會釐清每一張圖卡該放入哪一個套組。在抽卡、讀卡的過程中，圖卡屬於哪一個套組並不會有太大影響，反而是它本身帶給你的意義比較重要。

❷ 問：要做到多少張圖卡才能抽卡呢？

答：製作累積到10張圖卡就可以進行抽卡、讀卡。

初期不用限定每個套組一定要幾張，四個套組的圖卡相加共有10張就可以。但當我們接觸心靈拼貼®一陣子後，就可以（也會有欲望）開始將牌卡再深入分組。

❸ 問：每個套組有個別限定要多少張嗎？

答：「成員」「社群」「引導」這三個套組並沒有限定多少張，唯獨「同伴」套組因爲是7個脈輪的冥想，因此只有7張。

同伴卡是透過視覺引導的冥想，需要在過程當中保持放鬆清明的狀態，才有機會覺察到脈輪的活力。但因爲現代人最大的問題是「無法放鬆」，經常帶有期待心，或者是因爲太勞累而在冥想的過程當中睡著了，因此有可能一直無法覺察到脈輪動物的活力。所以，同伴卡雖然最多是7張（人體有7個脈輪，個別冥想到一個動物而製作成的），但也有可能在短時間內一張都無法完成。請不要著急，多操練一段時間，耐心的等待。

❹ 問：選擇（裁剪）圖片時，應該是有意識或無意識的呢？

答：兩種都可以。無意識的瀏覽很好，等到拼貼完圖卡，再運用開卡的流程去了解選取圖片代表的意義，這是一種方式；而刻意為了某個主題去尋找適合的圖片，也是另外一種方式。

❺問：圖卡的尺寸一定是5×8英寸嗎？

答：圖卡是自己使用的，只要規格一致就可以。心靈拼貼®一般使用5×8英寸的原因是，不會太小以致於拼貼不下太多圖片，也不會大到無法用手拿著洗牌。若是將8除以5，能得到1.6的黃金比例尺寸，圖卡怎麼看都美麗！

❻問：可以買到現成的5×8英寸圖卡嗎？圖卡的塑膠保護套也容易買得到嗎？

答：圖卡需要自己裁切（可以在文具店購買奶瓶紙或灰卡類的厚卡），如果你參加各地指導員的工作坊，可以就近向指導員購買。

塑膠保護套的規格比較特殊，必須向指導員購買。美國指導員大多沒有使用保護套，因為美國的天氣比較乾燥，紙張不容易潮濕損壞。在潮濕的台灣地區，建議使用塑膠套保護圖卡。

❼ 問：我把做好的圖卡護貝起來，是不是更好保存呢？

答：心靈拼貼®圖卡有趣的一點是，拼貼是動態的，因此我們多半是用自黏式塑膠套套住。有時完成圖卡後，你又發現有新的物件很適合貼在某一張上，這時就可以將圖卡從塑膠套取出，添加新的物件。相反的，如果有一天你想將圖卡上的某個人物（或物件）移除，也可以辦得到。如果將圖卡護貝起來，就無法添加或刪減內容了。

❽ 問：我的圖卡可以借給朋友抽，幫他解決問題嗎？

答：心靈拼貼®是個人使用的圖卡，每張圖卡都代表「自己」的一部分，並不適合借給他人使用，我會建議請朋友製作屬於自己的圖卡。

心靈拼貼®不是算命，不需要透過別人解答你個人的問題，相信透過與圖卡對話的流程，每個人都有內在智慧，足夠解答自己的問題。

❾ 問：我要怎麼找到雜誌的圖片來使用呢？

答：①向有訂閱雜誌的親朋好友索取過期的刊物。

②向熟悉的診所或美容院索取過期的雜誌。

③找二手書店購買便宜的雜誌。

④搜集彩色廣告單。

⑤和朋友交換雜誌等。

⑩ 問：開卡一定要錄音後再謄寫記錄？不能自由書寫嗎？

答：如果是團體一起做卡、讀卡，建議互相擔任彼此的記錄，這樣可以讓讀卡人暢所欲言，直覺和想像力不會受到干擾。如果只有自己一個人讀卡，用手機錄音後再謄寫，是種好方法，讓你的想像力自由流動，而不會因爲文字書寫的停頓或措詞打斷了思路。當然，如果你曾經學過自由書寫，也歡迎試試看。

心靈拼貼®的真心見證

訣別所愛（創辦人席娜女士的網路告別式）

2016年1月，席娜女士平靜的走完了她的一生，心靈拼貼®公司的負責人凱里雅爲她舉辦了一場網路告別式。全球指導員約定好共同時間，透過視訊軟體一起上線，彼此分享接受過她指導的點點滴滴，或是她生前的小故事。我們在平和溫馨的氣氛下，輪流獻上對創辦人的感謝與懷念。

網路告別式之後，全球各地的指導員也個別舉行心靈拼貼®聚會，每個人用自己的方式，製作一張擁有席娜女士照片的心靈拼貼®圖卡，向她致敬。

記得席娜女士曾經提過，她主持的支援團體，一共持續進行了20多年，其中有一位年長的女士辭世，她的家人就將這位女士20多年來製作的圖卡，帶到支援團體，和相知相惜的這群老友道別。每位支援團體的成員，對於這位女士的圖卡都很熟悉，20多年的聚會，已經了解她的喜怒哀樂，可以說是比她的家人更了解她。支援團體的全體成員也向這位去世女士的圖卡致敬，謝謝她的能量和支援團體相守了20多年。

聚散離合原本就像四季一樣，更迭替換、花開花謝。重要的是了解自己的內心世界，給予並接受社群的支持，這一生就能了無遺憾的平安落幕。

移民長者的心聲

加拿大瑪格麗特指導員，連續兩年接獲加拿大移民局邀請，配合瓜爾夫地區的社工人員，一起爲從中國移民到加拿大的一群長輩，開辦爲期8週，每週一次的心靈拼貼®工作坊。移民局也聘請專業翻譯同步口譯，讓這些長輩了解工作坊內容。

8週工作坊結業的時候，瑪格麗特指導員將每位長輩的其中兩張圖卡放大裱框，並在圖卡旁邊用中英文標示說明長輩們當時讀卡的心得，然後放在市政廳展覽，邀請市民及長輩的家人前來觀展。

這個活動獲得移民局及參與人員的良好肯定，從長輩的字裡行間，看到長輩們對過去表達的心酸、努力、懷舊，還有對現在環境的感恩等。心靈拼貼®協助長者把移民的心聲，透過圖卡與文字表達出來，參與工作坊的長輩們對於活動也給予極高的評價。

觸動心靈的拼貼／Kristine Chan指導員

「發現內在智慧，改變外在世界。」是每個人經歷心靈拼貼®後所深深體會的，而且它也給予我們重新出發的機會。

從事助人工作和精神醫療社會工作已有一段日子，深深體會受情緒困擾的朋友很難把自己的需要與人分享。過去，他們的生命一直被壓抑、被扭曲，一直都在尋找出路，希望做回眞正的自己。然而，要認識自己眞的不容易，而且需要很大的力量去接受和面對。

一次偶然機會下，透過蘿拉老師認識了這套媒材，體會當中溫柔的力量能使生命成長。也感謝老師的無私奉獻，讓我有機會成爲指導員，使我能在工作中運用心靈拼貼®的流程。

「開心女人」是我成爲指導員後第一個以心靈拼貼®爲主題的團體，希望能透過認識自己的多重面貌、性格和身邊的社群來幫助女性認識和覺察自己，讓喜樂的心重新在生命中建立起來。參加的朋友都是受情緒困擾，能釋放內心深處的感受，對她們來說是期待的。

透過直覺選取圖片、剪貼便能成爲一張獨一無二的圖卡。團體初階會先了解什麼是心靈拼貼®和體驗快閃卡（Flash Card），不同背景的參加者都表示容易上手，而且能輕鬆完成一張圖卡。

接著，參加者體驗和練習以「我是……」讀出自己所製作的圖卡。起初，大家都感覺怪怪的，畢竟很少這樣去表達自己；然而，在持續的讀卡後，大家開始呈現出內心深處的狀態，很像爲生命加入覺察和提醒。

「開心女人」的團體課程安排

單元	內容
一	認識心靈拼貼®，學習「快閃卡」
二	認識什麼是「成員卡」，記錄自己內在的成員
三	認識什麼是「社群卡」，書寫對自己有影響力的人
四	重溫「成員卡」和「社群卡」，製作及閱讀圖卡
五	閱讀圖卡（一次讀三卡、一卡讀三次）
六	製作主題性卡及回饋

「開心女人」共有六次單元活動，參加者主要透過「成員卡」和「社群卡」這兩套圖卡去認識自己。隨著生命的流動，小組會出現安靜、歡笑、眼淚、鼓勵等時刻，這都是一個又一個的生命故事。每次我都會爲當日聚會抽一張圖卡，聆聽圖卡給予我和成員的提醒。

記得有一次團體活動我抽到了引導卡，回想第一次讀卡時，腦海中跑出這樣的經文：耶穌又對衆人說「我是世界的光。跟從我的，就不在黑暗裡走，必要得著生命的光。」（約翰福音8:12）

當時的我，覺得很有感覺，而那次團體活動還刻意安排了參加者讀卡——「一次讀三卡」及「一卡讀三次」，他們都覺得，讀卡時的自己會變得不一樣，好像可以幫助自己安靜下來。特別提到「一次讀三卡」的方法時，大家都覺得圖卡好像連續劇一樣，帶領自己進入更深的想法，一層一層去認識和面對自己，感覺很奇妙。

讀卡的過程中，突然有位成員呼喊我。回頭一看，她手上拿著人生中的第一張圖卡，雙眼通紅的看著我說：「我可以擁抱你嗎？」我知道這張卡對她來說有很深層的故事，當時的我也只能張開雙臂擁抱她，希望給她一點支持。同時也鼓勵她再看看第二、三張會是什麼？當「一次讀三卡」完成後，她勇敢的向大家分享她的心理歷程和所抽出的內容。

第一張卡充滿陪伴和支持的力量；第二張是她和去世丈夫的合照，她在製作時眼淚一直在流，而且湧現了很多回憶，但完成圖卡後，她的內心得到了釋放和平靜，這張卡同時也在鼓勵她多愛自己一點；第三張是她跟擁有40年友誼的朋友們合照，是她生命中最好的陪伴和支持。

她覺得心靈拼貼®給予她力量和支持，當生命面對一個又一個的關卡和困難時，圖卡似乎也在適時的安慰她……「最近要面對的事很沉重，當我以為只有自己一個人面對時，圖卡告訴我，他們（去世的丈夫、朋友們）一直都在。無論是否活著，我相信他們永遠都會支持我。」

每個成員都在經歷生命中的高山低谷，然而圖卡卻靜靜的跟我們對話，讓內心深處的感覺被看見、被聽到、被觸動。成員們都被這次的團體活動所感動，彼此互相支持鼓勵、輕拍肩膀、手拉著手、甚至互相擁抱。從前被壓抑、扭曲、一直都不敢面對的，今天看似又多了一個出口和支持系統⋯⋯

「心靈拼貼®讓我把內心話都說出來，內心得到釋放。」

「認識自己更多，視野比以往更廣闊。」

「我學習到好好把握今天。」

「覺得自己不再存在於黑暗中，開始看見光明。」

「重新出發的感覺。」

「從前害怕的，今天好像得到力量去面對了。」

「圖卡沒有對與錯，因爲圖卡都是我的故事。」

指導員看似只是在安排和帶領流程，然而我們的生命卻是和參與人一起互動，彼此都進入對方的生命中。那天活動結束後，我再次把我抽到的圖卡拿出來重看一次，回想當天發生的一切，內心充滿感謝，我深信這道光不單是照亮我生命的路，也照亮這些參加者的生命，讓我們都不再行走於黑暗裡，看見自己生命的眞、善、美。

當男人遇上心靈拼貼®／張耀基指導員

現今人類生活緊張已是不爭的事實，近年來，社會均強調身心的平衡，追求心理健康的重要。因此以「身心靈」爲主題的活動越來越普及，但一直以來，這類型的活動較多女性參與，男性往往容易卻步。那麼，該如何讓男性好好經歷心靈拼貼®呢？

我正帶領著一群男性進行工作坊，他們跟普遍香港的男人一樣，因工作環境、權力與物欲的追求，經常遇到不同的試探及挑戰，或是受到不同程度的威嚇。加上長久以來積累的不良習慣，如吸菸、賭博等沉溺性問題，使生命常受捆綁。他們在社會中承受著很多的生活壓力，但坊間的減壓活動不多，他們未必能有一個感到安全的空間傾訴心事。然而，心靈拼貼®卻能成爲一個媒材，讓他們將個人的心情、看法及內在的能力與人分享。

我在爲男性策畫活動時，首先會讓他們感覺這是一個「非女性化」的活動，若宣傳品及場地布置過於女性化，就會影響他們參與及投入的意願。我在宣傳及介紹時，也做了親身分享，由自身男性的出發點，描繪心靈拼貼®如何影響自己，因此建立多一點說服力，提升參與的動機。

由於男性較難向他人表達自己內心的感受，反之，他們喜歡「行動」，所以在舉辦純男性的活動時，不能「只講心、不做事」，要「又做事、又講心」，才能讓他們投入其中。心靈拼貼®的「先行動、後分享」流程非常適合這種特性，特別是在製作「快閃卡」時，需要讓他們盡情以直覺，動身去尋找有感覺的圖片，好好享受剪裁拼貼的過程。先好好完成及欣賞自己的圖卡後，再讓他們介紹圖卡的名稱及主題，不必急於進入「我是……」的讀卡流程。

在開始的階段多做圖卡也是可以的，當他們感受到製作的樂趣及成果後，他們會更願意去分享。另外，他們在經歷快閃製作的過程中，很容易流露出許多不同的看法及心情，指導員在此時需要特別留意他們在製作時的狀態，尤其是即時的表情及發言，這會有助於評估他們的投入程度及後續的讀卡環節。

在讀卡的部分，透過記錄單可協助他們整理讀卡的內容，讓他們在兩、三人小組中分享時先作好文字紀錄，在群體分享時也因為經歷過剛才的「演練」，才能更順暢及深入的分享自己對於圖卡的想法。

很多研究男性特質的報告裡都會提到：男性大多「重理性分析、喜歡支配別人與掌控局面」，所以不會輕易承認失敗，只會以行動來表達自己是「有才能的男子」。

所以在帶領的過程中，會較容易發現他們常批判其他成員的圖卡，或是指責其他人不遵循流程等。面對以上的情況，只要鼓勵他們保持開放及自由的心，自己的圖卡自己讀便可。有時他們會較在意自己是否做錯圖卡，當下要多鼓勵他們「憑自己的直覺去做就是對的」。

而指導員需要留意男性這方面的特質及需要，尊重及信任他們的選擇，並多加肯定、鼓勵及欣賞。同時，要多了解兩性參加者的不同需要，重新建立對男性特質的認知，以及掌握針對性的技巧，讓進行男性心靈拼貼®工作坊時，事半功倍。

其實，男性是喜歡談天說地、說笑話、抒發己見的，但談及內心卻是較爲封閉及沉默的，特別是負面情緒及軟弱的一面，他們不太會輕易透露。

作家布思．金馬倫曾在雜誌裡提到：「男人們內心深知——當他們表現出軟弱無助時，就會被別人無情指責得體無完膚。女人在軟弱無助時，常會期待別人的同情與安慰，但男人卻會換來白眼和攻擊。」很多男性都指出，如果他們不確定別人會認同並尊重時，他們就會變得不自在，害怕開放自己及表達自己。因此，指導員要知道，男人也是人，他們需要熱情的關懷，也需要被尊敬和被愛。要相信他們所做出來的圖卡已是分享自己內心世界的一個表達方式，若他們不願意說更多，也許有他們的原因，不需要勉強。指導員只要堅守心靈拼貼®的原則，建立一個安全和坦誠的環境，深信他們總會講出心底話。

我認識這一群男性已有2至3年的時間了，心靈拼貼®的出現，對他們而言是陌生但也感興趣的，主要原因是我跟他們已建立互信及良好的關係。

對他們而言，心靈拼貼®幫助了他們表達自己和了解自己當下的想法，而且，他們大多也很願意藉著圖片向其他人分享自己的事，很多層面及角度都是之前從未提及過的；而且大多數人在經歷心靈拼貼®後，都會感到意料之外的驚喜。

記得有一位男性在活動後，傳了一段訊息給我：「我雖然不是每次都可以來到小組製作圖卡，也不像你有足夠數量的圖卡去就自己的情境抽卡，但我已把這張圖卡貼在房間裡的重要位置！」

還有另一位分享了感謝的訊息：「一直以來，我都好想了解自己多一些，感謝你介紹了心靈拼貼®給我，讓我有系統的慢慢認識自己。在做卡讀卡的過程中，我會非常直接的反映自己的想法，很多時候我都不確定自己有這樣的想法，但當每讀一次卡，就會發現原來真的是如此；一次讀三卡更讓我驚訝，使我一步步去發現自己，這是從來沒有過的經歷。」

身為心靈拼貼®指導員，讓他們在過程中能夠發現自己更多，了解自己的能力更多，大大的提升了內在潛能，好讓他們面對自己的情況及挑戰。

希望日後有更多男性成為心靈拼貼®指導員，讓更多的男性接觸到心靈拼貼®的力量。

香港靈魂協奏曲／林毓蓉指導員

一提到香港人，你腦海中浮現的景象是什麼？

身穿幹練套裝、殺氣騰騰的男女快步走入中環的商業摩天大樓？

街上或地鐵轉運站中的一片人海，不顧旁人急速行走？

2014「雨傘行動」中，遍地滿腔熱血的青年與民衆爭取民主與自由？

銅鑼灣鵝頸橋底旁，老婆婆唸唸有詞爲信男信女「打小人」驅霉運？

2017年5月，母親節的週末，26位來自各行各業的「香港人」，在蘿拉老師的帶領之下，展開首次爲期兩天的心靈拼貼®入門工作坊。香港北角普敦培訓中心內，26個靈魂推翻了有別於刻板印象中來自文化、社會、經濟和政治面向的標籤，我們一起演奏了靈魂協奏曲，渴求著探索自己的靈魂，讓彼此緊緊相連，成爲都市叢林中的另一股力量。

透過心靈拼貼®的四個套組、「我是……」練習、讀卡活動，參與的香港學員們放慢平時慌亂的城市步調，與自己對話。

些許擁擠的教室內，學員們安靜的檢視自己，爲自己製作了一張內在成員清單，把各異的每個部分寫下，將圖像拼貼成為一張成員卡後，經由「我是……」的分享，學員最獨特的部分躍然於心靈拼貼®圖卡上，每個人都好似一種樂器，彈奏出對比又交融的樂曲。

成員套組使我們能夠細數與回味專屬於自己的光明與陰影，在過程中感受並理解自己，享受探索帶來的驚喜。製作社群卡時，桌上散落著大家專程帶來家人朋友的照片，彷彿將他們最親愛的人散發的能量也一起帶進了教室，學員們說說笑笑，用廣東話彼此分享，重溫關係中的愛與愁。我們所在的香港北角這一隅，慢慢的形成一個無形的心靈支持圈。

將燈光調暗，幽暗的教室變得更為沉靜，學員閉上眼睛，在蘿拉老師溫柔療癒的聲音引導下，我們深入脈輪，感受平時感覺不到的身體活力，一起透過視覺化冥想，與心輪裡住著的動物相遇，沉浸在牠傳遞的自然能量中，直入最深、最深的自己。

「我感覺很深，也十分驚訝，一開始我看見一隻老鷹，但後來發現自己的心輪動物是一隻騾子，這個感覺很奇妙，有點接受不了，但後來想想，這就是真實的自己。」從事金融銀行產業的一位學員Alva如此分享。

同伴卡帶來的是意想不到的感動，真實且美麗，在與身體能量相連的那一瞬間，被觸動的眼淚是最難忘的證明。

引導套組則帶領學員來到更神祕的宇宙大故事，探索原型與自己內在子人格的連結與影響，感受宇宙中強烈的引領力量，有人是夢想家，有人是藝術家，有人是神的孩子，氣氛中交雜著奧祕的能量，每個人獨特的線，頓時與宇宙一起編成一塊閃閃發亮的織錦，我們一同看著這個心靈的支持圈向宇宙延伸，擴大再擴大。

一直到最後，學員們靈魂中的火花不斷閃爍著智慧與鼓舞，問起他們參與的最大收穫與上課前後的差異，他們這麼說道：

「我覺得很舒服。」

「我更能溫柔的對待自己，因爲圖卡給我很大的空間，讓我與自己同在。」

「在拼貼的過程中，我對於內在的潛意識更有覺知，使得我能面對自己，不再逃避。」

「在過程中，我得以清理儲存在心靈中的垃圾並釋放負面情緒，重拾熱情與行動力。」

學員們像海綿一般吸足了滿滿的心靈能量，看似平凡無奇的圖像，到了他們手中，成了一幅幅獨一無二的內心畫，訴說著自己的故事。

參與其中的我，安靜的聆聽這一首美妙至極的香港靈魂協奏曲，我見證了溫柔和諧的心靈之美，在加入學員一起讀卡後，我也感覺到自己靈魂的震動，心中那條國界逐漸模糊，我們不再是「台灣人」與「香港人」之分；我們映照著心靈拼貼®的精髓「一與許多」，我們同時是「一」也是「許多」，我們都是人，都一樣渴望連結與歸屬，靈魂不分國籍、性別、種族或語言。

心靈拼貼®所帶來的靈魂力量，讓我們在如此匆忙紛亂的都市叢林中，找到一片身心得以棲息的綠地，我們連結在一起，一起歸屬於宇宙，不再只是城市中孤單的一個人。

讓青年志工找到方向並發現力量／歐玲瀞指導員

相繼連續濕冷的天氣後，陽光乍現於週末傍晚，6 位心靈拼貼®指導員（由Peggy老師領軍，加上佩茹、金福、德惠、惟芳、玲瀞）一同前往新竹香山牧靈中心，參與康泰醫療教育基金會籌辦的「T1DM青年志工培訓營」（第一型糖尿病的青年，成員爲大專與大專以上），帶領兩個鐘頭的心靈拼貼®時光。

抵達新竹香山牧靈中心時，剛好是晚餐時間，指導員邊用餐邊針對晚上的流程再次確認與修正後，便分三組（每組配置兩位指導員）各自場布。待學員餐後活動結束後，分成三小組進教室進行一場圖卡拼貼與心靈對話的饗宴。

因爲大部分學員都是初次體驗，所以兩個小時的工作坊，分成兩階段進行：

第一小時：做卡、練習「我是……」、再度做卡、練習「我是……」。

第二小時：抽卡、讀卡，由基金會提供15題參考問題（針對目前這群青年們關注的事項），指導員整合後選擇其中一題，作爲這段時間抽卡、讀卡的參考。

兩個小時的時光，讓學員們在輕鬆、安全又自在的氛圍中，與自己的心靈對話，有的學員勇敢敞開分享內心的無力感，也重新在圖卡的建議中，找到方向並發現力量！

活動結束後，我們隨即開檢討分享會，大家發出共同的回應——再次見證心靈拼貼®圖卡裡發現內在智慧的神奇，以及指導員相互連結團隊合作的力量！

新住民的心體驗／林佳鈴指導員

我第一次帶領新住民的心靈拼貼®工作坊時，是一次很棒的體驗。剛開始學員們因爲感到陌生，說不出話，慢慢引導之後，大家開始說出感受，讓指導員也感動得不可思議！

蘿拉老師說過：「指導員的誠心帶領，就能讓每個人發現內在智慧。」對我來說，學員們也讓我更加覺察自己的內在智慧，這股力量好不可思議！尤其，我結合了芳療、瑜伽、NLP、經絡，學員們的感受分享也讓我始料未及，謝謝大家的眞情回饋。

第二次有機會再次帶領時，發現學員們更加熟悉心靈拼貼®的流程。「告白的勇氣」能量，擁有超強的感染力，讓姊妹們凝聚在一起，感受到群體支持的力量。

新住民的心聲，透過做卡、讀卡，盡情傾吐人在異鄉的各種複雜情緒。

圖像與潛意識解讀的魔法／周詠詩指導員

喜歡心靈拼貼®，因爲它結合了我很喜歡的兩種工具，一是圖像，二是抽卡、讀卡的設計。

光是圖像的拼貼，就是一個很放鬆紓壓的歷程。我會透過細部的引導，請學員多說一些自己的覺察與發現。再透過不同套組的設計，從不同面向更認識自己的人生故事。

而在抽卡、讀卡時，我也會分享自己設計圖卡與運用的經驗，讓成員更加明白與熟悉這個歷程。最特別的就是，心靈拼貼®完全整合這兩種模式，可以更深度的看見自己的潛意識與內心世界。

所以，看似簡單，其實像是魔法一般，溫柔又親切的讓我們更懂得如何與自己靠近。

總之，無論是尋找圖像、裁剪、拼貼、完成一張自己的圖卡，再進行讀卡；或是完成數張卡後，進行抽卡、讀卡，每一個簡單動作，卻可以引發豐富的聯想與領悟。

這就是心靈拼貼®的魔法啊！

如何進一步了解心靈拼貼®？

請查詢下列兩個網址，有相關開課資訊。

- 「心靈拼貼-台灣」粉絲頁
  https://www.facebook.com/soulcollagetaiwan
- 「心靈拼貼-香港」粉絲頁
  https://www.facebook.com/SoulCollagehk

如果對於成爲指導員有興趣，請關注：

- 「蘿拉的心靈拼貼」粉絲頁
  https://www.facebook.com/SoulFormosa
  會發布指導員訓練營的訓練日期。

如何成為心靈拼貼®指導員？

不限心理相關背景（當然歡迎專業心理從業人員參加），只要對本套自助與助人的系統感興趣的成年人，都歡迎報名參加指導員訓練營。詳情請連絡lauraliu@sbcglobal.net 或是在「蘿拉的心靈拼貼」粉絲頁留言。

記得飛機上示範的「如何使用氧氣罩」嗎？是不是先要將自己的氧氣罩戴好，才能去協助身邊的小孩？如果你先暈倒，要如何照顧旁邊的人呢？

取得心靈拼貼®指導員的資格，就是先具備認識自己、了解自己內在智慧的起頭，將自己裝備好了，可以先自助然後幫助他人，用心靈拼貼®簡單有趣的圖像拼貼，引導學員自我對話，發現自我內在的智慧，並且與社群和諧共處。

心靈拼貼®可以讓每一個人都有機會說出他們內在深層的智慧，這不是只靠大量閱讀和只聽取他人意見，可以達到的層面。

每個人都有追求幸福快樂的能力，只要努力當下的事，精益求精，懂得維持身心平衡，關心家人與朋友、同事，願意付出一份陪伴與傾聽。順應宇宙的次序與規律，生命的調和就有真、善、美。祝福親愛的讀者，早日找到屬於你的心靈支持圈！主動出擊、找到幸福！

延伸閱讀：生命紀念冊

我曾帶領「生命紀念與心靈拼貼®工作坊」，而《生命紀念冊》是我與康泰醫療教育基金會合作工作坊所得知的。這本紀念冊是長期推廣安寧療護的趙可式博士，率領康泰同仁編輯的一本生命回顧紀念冊，當中的文字與心靈對話，發人省思，不論是健康或正受疾病困擾的人，都建議可以認眞看待當中的生死問題。

這本紀念冊純屬義賣，所得捐爲康泰推廣安寧療護之用。可洽詢：

· 電話：（02）2365-7780

· 信箱：health@kungtai.org.tw

· 網站：www.kungtai.org.tw

什麼是「生命紀念冊」？

（摘錄自康泰醫療教育基金會）

～人生中最棒的禮物～

有人用文字寫日記，
有人用相機留下紀錄，
你會用什麼來呈現一生？

最想說的話？最想對誰說話？
種種的生命歷程，
在「生命紀念冊」中都能獲得解答。
讓謝謝、對不起、我愛你，
圓滿整個生命。

你送過最棒的禮物是什麼？
你收過最窩心的禮物是什麼？
生命紀念冊——一份充滿愛的禮物

Eurasian Publishing Group
圓神出版事業機構 方智出版社 Fine Press

www.booklife.com.tw reader@mail.eurasian.com.tw

自信人生 150

蘿拉老師的心靈拼貼®：
手作牌卡，找出你內心最渴望的答案

作　　者／蘿拉老師（Laura Liu）
發 行 人／簡志忠
出 版 者／方智出版社股份有限公司
地　　址／台北市南京東路四段50號6樓之1
電　　話／（02）2579-6600・2579-8800・2570-3939
傳　　真／（02）2579-0338・2577-3220・2570-3636
總 編 輯／陳秋月
資深主編／賴良珠
責任編輯／鍾瑩貞
校　　對／鍾瑩貞・賴良珠
美術編輯／金益健
行銷企畫／張鳳儀・王莉莉
印務統籌／劉鳳剛・高榮祥
監　　印／高榮祥
排　　版／杜易蓉
經 銷 商／叩應股份有限公司
郵撥帳號／18707239
法律顧問／圓神出版事業機構法律顧問　蕭雄淋律師
印　　刷／國碩印前科技股份有限公司
2018年6月　初版

定價 290 元　ISBN 978-986-175-496-3

「成長眞正的關鍵，在於了悟你並不是頭腦的聲音，而是聽到它的人。」

——《覺醒的你》

國家圖書館出版品預行編目資料

蘿拉老師的心靈拼貼®：手作牌卡，找出你內心最渴望的答案／蘿拉老師 作. -- 初版. -- 臺北市：方智，2018.06
176面；14.8×20.8公分 --（自信人生；150）

ISBN 978-986-175-496-3（平裝）

1. 占卜

292.96 107005757

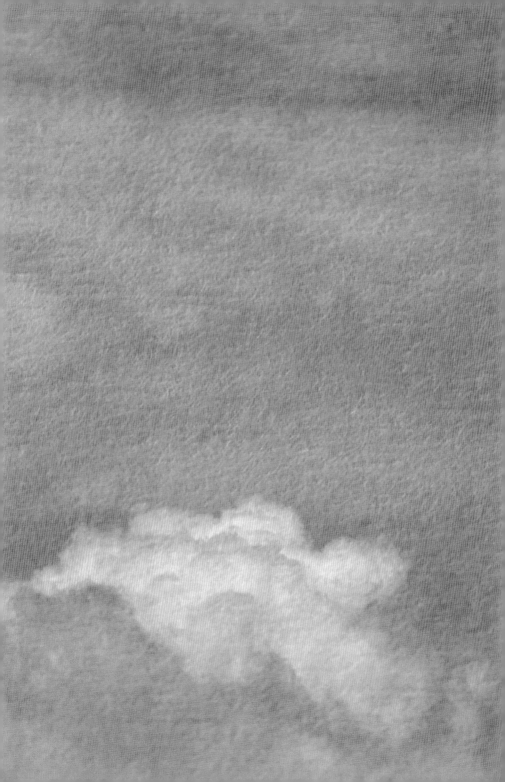